¿Era Jesús?

Descubre a Dios dentro de ti

Las historias y los lugares mencionados en este libro están inspirados en hechos reales.

Los nombres de algunos de los personajes y algunos detalles se han cambiado para preservar el derecho a la privacidad de las personas.

El autor de este libro no ofrece consejos médicos ni prescribe el uso de ninguna técnica como forma de tratamiento para problemas físicos ni trastornos médicos sin el consejo de un médico, directa o indirectamente. La intención del autor es simplemente ofrecer información general para ayudar en la búsqueda de bienestar físico, emocional y espiritual. En caso de que utilice la información contenida en este libro para usted, que está en su derecho, el autor y el editor no asumen ninguna responsabilidad por sus acciones.

Diseño de portada: Editorial Sirio, S.A.
Traducido del italiano por Manuel Manzano Gómez
Maquetación de interior: Toñi F. Castellón

© de la edición original
Alex Raco, 2020

© imagen de la cruz de portada
David Prando 2020

© de la presente edición
EDITORIAL SIRIO, S.A.
C/ Rosa de los Vientos, 64
Pol. Ind. El Viso
29006-Málaga
España

www.editorialsirio.com
sirio@editorialsirio.com

I.S.B.N.: 978-84-18531-10-1
Depósito Legal: MA-210-2021

Impreso en Imagraf Impresores, S. A.
c/ Nabucco, 14 D - Pol. Alameda
29006 - Málaga

Impreso en España

Puedes seguirnos en Facebook, Twitter, YouTube e Instagram.

El papel utilizado para la impresión de este libro está **libre de cloro** elemental (ECF) y su procedencia está certificada por una entidad independiente, no gubernamental, que promueve la sostenibilidad de los bosques.

Alex Raco

autor de los *bestsellers* internacionales
Nunca es el final y *Más allá del amor*

¿Era Jesús?

Descubre a Dios dentro de ti

EDITORIAL SIRIO

No intento nunca que mis pacientes se conviertan. Para mí, todo consiste en que el paciente se forme su propio criterio. Un pagano es para mí un pagano, un cristiano un cristiano, un judío un judío, cuando ello corresponde a su destino.

C. G. Jung

Índice

Amarás a Dios sobre todas las cosas

«Estoy en algún lugar elevado. Estoy colgando. Veo mujeres, veo a cinco mujeres. Tengo el cuello doblado hacia abajo. Veo mis pies descalzos, son los de un hombre. Mi piel es morena. Mi cuerpo está cubierto solo por una pequeña pieza de tela, el resto de la túnica que llevaba antes ha caído debido a la fuerza de la gravedad. Cubría la mayor parte de mi cuerpo, me envolvía, y estaba sujeta a un lado con un gran nudo. Pasado un día cayó porque el nudo se deshizo. Estoy sujeto a unos trozos de madera. Son dos troncos cruzados. Las cinco mujeres se encuentran a unos diez metros por debajo de mí. Llevan vestidos largos de lino en tonos pastel. Son prendas simples, lineales, esenciales. Parecen antiguas y muy sencillas.

»¡Es una cruz! Me han clavado a una cruz. Es un madero muy alto. Ahora ya no siento dolor. Solo experimento una gran sensación de opresión y derrota. Mi malestar simplemente está relacionado con el hecho de que estoy causando dolor a otras personas. A esas cinco mujeres. En los momentos de mayor sufrimiento me las arreglo para desapegarme de mis sentidos y no percibo el dolor, pero ellas no lo saben y, por lo tanto, padecen pensando que estoy sufriendo. Aunque todavía estoy vivo, mis funciones vitales se han reducido al mínimo».

Esas palabras salieron casi automáticamente de la boca del hombre que yacía en el sofá frente a mí. Había caído en un estado de hipnosis muy profunda y sus palabras a menudo eran interrumpidas por respiraciones largas e intensas. Después de tantos años de experiencia en hipnosis regresiva a vidas pasadas y con miles de sesiones a mis espaldas, era la primera vez que veía esa manera de respirar. No me importa decir que, aparte del significado de sus palabras, también las respiraciones profundas de aquel hombre me perturbaban mucho. Me recordaban a las del terrible Darth Vader, el personaje de *Star Wars* que me había asustado tanto cuando a la edad de diez años vi por primera vez la famosa película en el cine. Las respiraciones del hombre que acababa de conducir al estado hipnótico habían despertado al niño que hay en mí y lo habían intimidado. Debo decir que no estoy acostumbrado a este tipo de reacciones emocionales, mucho menos durante las sesiones, en las que normalmente soy yo, el profesional, quien tengo todo bajo control. Pero esa tarde las cosas discurrían de manera diferente y al escuchar la voz casi sobrenatural que salía de la boca de aquel hombre entremezclada con aquellas respiraciones aterradoras, de repente me sentí pequeño e impotente. Como si ni siquiera tuviera el coraje de interrumpirlo.

Era un hombre de cuarenta años, a quien llamaré Jack para ocultar su verdadera identidad. Una media melena negra le cubría la nuca, y llevaba una barba entrecana de varios días. Los ojos color avellana, la mandíbula fuerte y los dientes muy blancos le conferían un cierto poder de fascinación. Alto y con un buen físico, vestía un traje formal gris de tres piezas y camisa blanca. Pero el corte del traje era a la última moda y llevaba los primeros botones del pecho de la camisa desabrochados, detalle que le daba un aspecto de todo menos formal. Cuando entró en mi consulta, lo encontré particularmente atractivo, como si estuviera envuelto en ese *glamour* que generalmente acompaña a los actores o a las celebridades. Pero no era famoso, era alguien aparentemente normal. Nada insinuaba lo que sucedería poco después.

Una pregunta que a menudo me hacen quienes vienen a estrecharme la mano o a sacarse una foto conmigo durante mis seminarios o en las firmas de mis obras es por qué los personajes de mis libros a menudo son descritos como atractivos. «¿Es posible que todos sean hermosos?», me pregunta a menudo el lector o la lectora de turno. Mi respuesta es que a mis ojos lo son. Con los años he aprendido a ver más allá de la prestancia física y a leer la belleza de esa luz que nos acompaña a todos. Una persona universalmente bella puede no serlo a ojos del escritor, mientras que una persona con algún defecto físico puede emitir una luz con un encanto infinito. Ese era el caso de Jack.

Era el gerente de una gran corporación y viajaba frecuentemente por trabajo. No estaba casado y durante la entrevista de información y anamnesis que precedió a la sesión de regresión, evitó darme detalles sobre su vida privada cada vez que yo se los pedí. Como si no tuviera. Me pareció un detalle curioso. Hablamos de su familia de origen, pero nada más. No veía la televisión y sus pasatiempos eran hacer deporte, dedicarse a la lectura y realizar viajes de aventura al extranjero. No consumía ningún tipo de drogas, no fumaba y solo bebía alguna que otra copa de vino. En resumen, una persona como muchas otras.

Mientras tanto, el hombre había dejado de hablar. Así que me animé y decidí hacerle algunas preguntas.

—¿Puedes decirme dónde estás geográficamente?

—Estoy en Palestina.

—¿En qué parte?

—En Jerusalén.

—¿Cuántos años tienes?

—Nací en el año seis antes de Cristo.*

---

* Si nos atenemos a los registros históricos, lo más ajustado sería situar el nacimiento de Jesús algo antes de la muerte de Herodes el Grande, que sucedió

—¿Cómo te llamas? —pregunté entonces. Sabía que muchas personas habían muerto en la cruz. Era un método de ejecución muy común en aquellos días. Los antiguos romanos lo preferían por su simplicidad y por el hecho de que prolongaba los atroces sufrimientos de los condenados que, expuestos a la diversión pública, servían de ejemplo a los demás ciudadanos de las colonias para que respetaran las leyes romanas.

—Veo niebla, he tenido un desfase temporal, por eso no hablaba —dijo como si quisiera justificar su momento de silencio.

Durante el proceso de inducción, a veces yo mismo les pido a las personas que visualicen una ligera neblina. Es una técnica que puede ayudar en el momento de la transición a una existencia pasada.

—Me llaman de muchas maneras. Depende de cuándo me conocieran. Mi nombre de bautismo sería José. Pero elegí el nombre más común que existe: opté por llamarme Yoshua. Lo hice para pasar desapercibido y para que me confundieran con otras personas.

—¿Cómo quieres que te llame entonces? —le pregunté para evitar confusiones durante la sesión.

—El nombre no es importante. Me lo cambiaba de vez en cuando. Si hubiera sido por mí y hubiera tenido la

---

en el año IV antes de la Era Común, la mayoría de los estudios apuntan al año VI a. C.

Según parece, la fecha incorrectamente considerada como año I fue establecida en el siglo VI d. C. por un monje bizantino llamado Dionisio el Exiguo, quien diseñó un nuevo sistema de datación de los años para separar la era pagana de la cristiana.

oportunidad de elegir, me habría gustado ser transparente y ser solo espíritu en lugar de carne y hueso. Si quieres, llámame como me conocen ahora. Con el nombre más banal, el que todos saben: «Jesús».

«Está bien —pensé—. Mantén la calma», me dije. Yoshua era un nombre muy común en Palestina en aquellos días. Y muchas personas habían muerto en la cruz. Probablemente muchos se llamaban Yoshua.

Pero el hombre acababa de decir «Jesús». Debía de haber un error, probablemente debido a la «traducción» simultánea que nuestro cerebro aplica durante una regresión. La hipnosis regresiva no es más que una técnica meditativa que permite que la conciencia y el alma se conecten y reciban información sobre existencias distintas a la actual. Así, es el cerebro del sujeto el que se compromete a detectar e interpretar cognitivamente la información que produce el inconsciente. Se trata solo de información, aunque aquellos que desean hacer una regresión generalmente esperan ver algo. En nuestro mundo, los estímulos visuales son indispensables. De nuestros cinco sentidos, la vista es sin duda la que más utilizamos. Así que, si esperamos experimentar una vida pasada, queremos imágenes. Para no crear expectativas falsas o exageradas, por lo general explico que es realmente imposible «ver» algo. Lo que se percibe durante una regresión a una vida pasada es información en bruto, sin procesar, eso que los científicos de la computación llamarían *raw data* ('datos sin procesar'). Es principalmente un proceso de recopilación de información o de sentimientos sobre la propia vida, que luego necesariamente deben ser procesados por nuestro cerebro para ser entendidos. Por ejemplo, son raros los casos en los que la persona en hipnosis diga algunas palabras o reconozca un idioma extranjero, especialmente si es un idioma arcaico de hace dos mil años. Lo mismo sucede con la datación, que tiene lugar de una manera «moderna», dado que lo que se encarga de procesar la información es el cerebro de la persona de la vida actual. Jack debía de haberse confundido y haber malinterpretado la información. Pero ¿las cinco mujeres a los pies de la cruz? Pensé que en este caso también debía de ser una coincidencia. Como ya he tenido ocasión de explicar en mis libros anteriores, de los varios miles de regresiones realizadas en mi consulta, solo dos se referían a personajes históricos famosos. Por lo tanto, puedo reiterar que la probabilidad de haber sido una persona famosa en alguna vida pasada es casi nula. Ya no digamos, pues, que esa persona fuera Cristo.

¿Es posible que Jack fuera alguien perturbado y yo ni siquiera lo hubiera notado? La duda se apoderó de mis pensamientos. Como siempre, había hecho todas las preguntas de anamnesis correctas y no me había referido ningún problema psiquiátrico, ni de alucinaciones ni relacionales. Sin embargo, por fuerza debía de estar frente a una persona que sufría algún tipo de trastorno mental, en especial alguna forma de delirio lúcido, aunque esa posibilidad no me cuadraba en absoluto, ya que Jack llevaba una vida absolutamente normal, no tomaba drogas y no me había referido ningún problema psicótico, ni de alucinaciones ni relacionales. El hombre que había entrado en mi consulta era un ejecutivo de una compañía que había decidido venir a verme solo porque una amiga muy querida había realizado conmigo una sesión de regresión y le había resultado muy satisfactoria. Durante la entrevista anterior, incluso había expresado cierta actitud escéptica sobre la existencia de vidas pasadas, así como sobre la técnica de la hipnosis misma y, según él, el único motivo para venir a verme había sido la curiosidad. Además, el hipotético delirio no estaba ocurriendo en una fase de vigilia consciente, es decir, con la persona despierta, sino en la hipnosis. Unos minutos antes, estando consciente, el hombre mostró un comportamiento mental completamente normal. Además, sabía con certeza que en un sujeto sano y sin un historial clínico de trastornos mentales, una sesión de regresión no podría ser la causa de episodios alucinatorios o psicóticos. Esta es una crítica controvertida y sin ningún fundamento empírico, a menudo utilizada por los escépticos y los difamadores de esta disciplina, dirigida principalmente a desacreditar los resultados. No obstante, me había prometido a mí mismo verificar cuáles serían las reacciones y los comportamientos de Jack al final de la sesión y, finalmente, recomendarle una visita psiquiátrica a un buen médico psicoterapeuta a quien conozco personalmente.

Por suerte para mí, mientras tanto el hombre había seguido hablando:

—Esas cinco mujeres son la razón de mi vida. Son parte de una gran familia, mi gran familia. Son ellas las que han abrazado mi credo, mi forma de vida, son la fuerza en tiempos de necesidad. Son mi oxígeno en tiempos de dificultad. Las únicas que lo han entendido todo. Han comprendido mi mensaje perfectamente.

—¿Qué mensaje?

—El mensaje de autoconocimiento que trato de difundir. No es un mensaje religioso. Las personas a mi alrededor me etiquetan como guía o maestro, pero nunca quise serlo. Todo el mundo de esa época pensó que lo era. Mi comportamiento libre, que mostró a otros cómo liberarse de los condicionamientos de la existencia, causó grandes problemas a las masas.

—¿Entonces eras una persona conocida? ¿Famosa?

—Nunca quise serlo. Me había vuelto peligroso para aquellos que querían al ser humano esclavizado y lo explotaban, y que siempre habían subyugado a las mujeres porque eran las únicas que se daban cuenta. Fui uno de los primeros en tener mujeres como seguidoras. Las llevé al conocimiento, para aumentar su seguridad interior y que entendieran que no eran ellas quienes estaban equivocadas, sino sus maridos. Los hombres tenían la capacidad de comprender que el mundo no debía ser solo opresión. Pero no parecían querer entenderlo.

»Pocos de los que me seguían entendían mi mensaje. Cada uno me identificaba como quería y pensaba que me estaba utilizando para sus propios fines. Solo las mujeres se habían dado cuenta de que yo no era lo que los otros pensaban. Los hombres creían en la guerra y en el uso de las armas y pensaban que yo era un mesías que había llegado para resolver sus problemas terrenales. Sin embargo, cuando yo hablaba de problemas, no me refería a la idea de que las guerras de poder debían librarse contra quienes lo ostentaban en ese momento, sino que quería que las formas de poder y opresión fueran completamente abolidas. Quería que los hombres entendieran que la única manera de liberarse de su egoísmo era liberarse del poder y no liberarse del poderoso de turno que los subyugaba y luego erigirse en su lugar, porque la sociedad no cambia con las armas, sino modificando el pensamiento de los individuos.

»A menudo usaba metáforas para hacerme entender, historias simples. Las personas no quieren pensar demasiado, y es la única manera de comunicarse con ellas. Una vez les conté a los que me seguían la historia de un joven impedido. Era un grupo en aumento, pero estamos hablando de ochenta personas. Nos mudábamos constantemente de ciudad a ciudad. A menudo nos llamaban para cuidar a enfermos. El ser humano quiere que lo cuiden, pero no quiere que lo curen porque desea ser compadecido y que alguien se ocupe de él. Le dije a aquel joven que no estaba realmente paralizado y que su recuperación no dependía de mi poder real, sino de su voluntad. A la gente le gustaba la idea de que yo fuera una especie de mago.

»Incluso ahora que estoy a punto de morir, los hombres aún no lo han entendido. Estas cinco mujeres son las únicas que realmente me entienden, y a menudo han sido denigradas por esta misma razón. Son las personas con las que más contaba, mis apóstoles. Una es mi madre, está llena de luz. Tiene el rostro ligeramente ovalado y una tez muy oscura. Más oscura que la de mi padre, cuyo rostro a menudo estaba quemado por el sol.

—¿Tu padre también está cerca de ti? —pregunté entonces con curiosidad.

—No. Está negociando mi liberación con Poncio Pilatos.

—¿Cómo se llama tu padre?

—Se llama José.

—¿Por qué fuiste condenado a la cruz?

—Porque muchas personas estaban entendiendo cuál era el camino que debían seguir para librarse de su cautiverio. Un cautiverio físico y mental. Comenzaba a correr la voz de que metía en la cabeza de las personas ideas que las autoridades no podían tolerar. Por eso, ya no aceptaban las reglas que solían aceptar antes. Se estaban formando núcleos de rebelión contra las normas sociales y económicas que previamente habían sido acatadas con sumisión. Y estos grupos actuaban en mi nombre, creando elementos de insurrección. Había muchas situaciones que impedían el bienestar del pueblo. Así que yo constituía un elemento subversivo para el poder.

—Volvamos a tu madre. ¿Puedes describírmela, por favor?

—Tiene más de cuarenta y cinco años, pero aparenta veinte. Tiene los ojos color avellana. Es una persona menuda, esbelta y de estatura muy baja. Lleva una toga amarilla similar a una túnica, ligeramente cerrada por la cintura por un encaje que crea una especie de volante. Tiene el pelo liso, largo y castaño. La segunda mujer es mi tesoro, la que debería haber continuado mi misión, pero se lo han impedido. La llamaban María de Magdala, pero yo la llamo cariñosamente Mary. Tiene el pelo oscuro, negro y liso. Su cara redonda es capaz de desencadenar el eros que encarna, y que por lo general molesta a los hombres porque esa sensualidad no significa menos inteligencia o perspicacia, como ellos desearían.

»El hecho de tener una gran mente pensante siempre le ha creado obstáculos. Los hombres no aceptan la idea de su inteligencia y prefieren pensar que quien la sigue lo hace debido a su apariencia física. Es muy sensual en la manera de comportarse, y esto a menudo crea malentendidos. Ella no es más alta que mi madre, pero tiene curvas. Lleva una túnica verde pastel, similar al agua de mar.

—¿Quién le ha impedido continuar tu misión?

—Pedro. Estaba celoso de su inteligencia y del hecho de que yo pudiera darme cuenta de que ella era superior a él. La tercera mujer se llama Salomé y tiene unos hermosos ojos verdes. Es una roca, posee una fuerza extraordinaria. Lleva un vestido blanco que forma varios pliegues verticales, como si hubiera sido apedazado o cosido con varias piezas de tela juntas. Tiene modales masculinos al caminar y un carácter extraordinario. Es muy temida por los demás por su fuerza.

»Tomó algunas decisiones drásticas para seguirme. La temen porque siempre dice la verdad y, además, cuando persigue un fin, nadie puede detenerla. No puede quedarse callada ante el abuso. Su fuerza está en abierta contradicción con su físico frágil. Es más alta que las demás, pero es muy delgada. Su cabello es ondulado, casi rizado, y más largo que el de otras mujeres. Su tez es morena, pero menos oscura que la de la mayoría de las demás mujeres. Su rostro tiene rasgos más angulares.

»A las otras dos las llamo María. Me alegra llamarlas a todas con el nombre de María, aunque a veces no sea su verdadero nombre, porque es un nombre común que las hace lo más anónimas posible y porque también es el nombre de mi madre. Siempre he intentado defenderlas para que pasen desapercibidas y no puedan ser identificadas fácilmente por las autoridades. Sigo tratando de explicarles a todos que el amor solo se puede lograr a través del amor a uno mismo. Debemos amarnos a nosotros mismos porque es la única manera que nos permite amar a los demás. Necesitamos desarrollar esa forma de energía que te permita ayudar a los demás a través de la propia luz.

»Pero los lazos que solemos formar, los lazos por los cuales tú eres la mitad de otra persona, no nos permiten difundir el amor. Cada uno de nosotros es un todo, no la mitad de otro. A veces confiamos en otra persona porque no podemos encontrar la solución a nuestros problemas. También en esta vida trato de explicar a todos que la fuerza que se puede encontrar en las relaciones con las personas es una forma de amor hermoso, pero no suficiente. Cada uno de nosotros debe brillar con su propia luz. Solo así podremos entender el mensaje: si buscamos la divinidad fuera de nosotros mismos, no encontraremos nada.

»Dios está dentro de cada uno de nosotros. Somos parte de él. Cada vez que una persona se enfrenta a un problema, invoca la ayuda de Dios, especialmente cuando no puede resolverlo. Incluso los blasfemos realmente piden la ayuda de Dios, porque la blasfemia representa una invocación. El hombre que blasfema es un hombre desesperado que necesita ayuda, y si no encuentra a nadie que le dé apoyo, entonces busca a Dios. Es un momento de creación vinculado al hecho de que cuando no se encuentra una solución, generalmente se intenta ganar tiempo. Trasladando el problema a Dios, y mientras esperamos que nos ayude, pasa el tiempo necesario para que comprendamos la solución del problema. Lo resolvemos nosotros mismos, la verdadera ayuda divina consiste en la invocación y en la espera.

—¿No te parece un concepto que responsabiliza demasiado al hombre? ¿Demasiado pesado para absorberlo? —observé.

Las palabras de Jack habían traído a mi memoria una noción neurocientífica que se refiere precisamente al comportamiento de nuestra mente frente a situaciones de emergencia y que explico a menudo para describir la relatividad del tiempo. Un concepto demostrado por Einstein, pero a menudo difícil de entender. El cerebro humano absorbe imágenes como si fueran los fotogramas de una película. Imaginemos que en condiciones normales absorba treinta por segundo; cuando estamos en situaciones de peligro o de emergencia, el número se duplica a sesenta, lo que nos provoca la ilusión de que el tiempo se está ralentizando. Es solo una ilusión, pero nos permite encontrar una solución ya que, de esta manera, unos segundos pueden parecer incluso minutos.

—El ser humano tiene habilidades extraordinarias que no utiliza. Para vivir una vida normal, usamos una porción muy pequeña del potencial de nuestro cerebro. El sistema social refuerza este comportamiento y esta limitación. Cada vez que sales de los cánones y descubres, incluso de manera casual, que lo que te dicen no es cierto, te excluyen y te relegan a un rincón. Si aprendes a escucharte a ti mismo, te vuelves peligroso para la organización socioeconómica capitalista porque ya no disfrutas de las cosas materiales de las que antes disfrutabas. Tienes menos necesidades.

»Por lo tanto, ya no puedes ser utilizado como una fuerza laboral de bajo coste primero y como usuario después. Si te conoces a ti mismo y conoces tu verdadero potencial, si estás en contacto con Dios, eres un peligro para quienes se benefician de mantener una situación de ignorancia general. El hombre tiene miedo de lo que no sabe y, por lo tanto, a menudo tiene miedo de su propio potencial. Pero el peligro está relacionado con el miedo mismo. Y los que gobiernan lo saben muy bien.

»Las autoridades romanas a menudo usan el *divide et impera* ('divide y vencerás') de Filipo el Macedonio. Juegan con el miedo y alientan a las personas a temer a los demás para así poder controlarlas. Nos enfrentan unos contra otros para poder dominarnos. Todo el tiempo que pasamos en contacto con nuestro ser interior es un proceso de evolución psíquica que nos permite liberarnos de esa esclavitud. Desarrollamos habilidades innatas y ya no aceptamos la idea de que otros nos digan qué está bien y qué está mal.

»A menudo pensamos en un Dios todopoderoso, pero es solo la versión material del hombre lo que nos lleva a pensar que Dios puede hacerlo todo. Dios no es para el uso y consumo de los hombres, y no podemos pensar en cambiar la divinidad o la religión solo porque nuestras solicitudes no sean aceptadas. Somos los hombres los que hemos creado un icono material de la divinidad. Lo creamos a nuestra imagen y semejanza y esperamos que actúe de acuerdo con nuestras costumbres y manera de ser. Pero es una versión humana y extremadamente limitada de lo que Dios es realmente. Somos seres humanos y estamos acostumbrados a hacerlo desde una edad temprana, cuando culpamos a nuestros padres por las elecciones que hemos hecho nosotros mismos o cuando creemos que si nos equivocamos, fue culpa de otra persona.

»Dado que el ser humano se inclina a pensar que los problemas siempre se deben a causas externas a sí mismo, de la misma manera busca soluciones externas. Pero en realidad la solución siempre está dentro de nosotros. Tenemos miedo de pensar que somos parte de Dios, no queremos aceptar la idea de ser nosotros mismos los generadores de felicidad o infelicidad. A menudo nos sentimos felices solo si nos comparamos con los demás, como si tuviéramos que medir nuestro bienestar. La miseria adora la compañía. Creemos que estamos bien cuando vemos a alguien que está peor que nosotros. Consideramos nuestra felicidad un bien relativo, mientras que es algo infinito, divino y absoluto. El proceso de relativización es humano y absolutamente ajeno a Dios.

»En realidad, todos estamos conectados, todos somos parte de una sola entidad. Y es precisamente esta entidad macroscópica lo que nos une a todos en un ámbito espiritual para constituir la descripción más precisa y humanamente comprensible de la divinidad. Una energía infinita hecha de amor capaz de hacer que nos movamos todos juntos al unísono, como si fuéramos el mismo ser, y capaz de hacer que cada uno de nosotros brille en su máximo potencial.

Lo que Jack estaba describiendo me hizo pensar de inmediato en el inconsciente colectivo de Jung. El famoso médico psiquiatra, padre de la psicología analítica, de hecho, había planteado la hipótesis de la existencia de un inconsciente compartido por todos los hombres derivado de nuestros antepasados y que prevé la existencia en la psique humana de ciertas formas que parecen estar presentes siempre y en todas partes, los llamados «arquetipos». Varios años de experiencia en psicoanálisis junguiano me han ayudado a plantear la hipótesis de que precisamente en esta *nube*, como llamaría al inconsciente colectivo un moderno experto en informática, reside también la información que extraemos cuando hacemos una regresión a vidas pasadas. Por lo que he podido entender observando a las personas durante las sesiones y escuchando atentamente las explicaciones que dan sobre nuestra existencia más allá del plano físico, parece que no hay separación entre nosotros. Nuestras almas están todas conectadas, forman parte de la misma energía y juntas conforman un solo organismo. Según la hipótesis de varias filosofías orientales, la individualidad es simplemente una ilusión terrenal, porque en el ámbito espiritual todos somos Uno.

—Pero desafortunadamente el hombre también prefiere considerar el amor como algo relativo —continuó Jack—. Y esto lleva a una guerra de energía donde el ego de todos trata de prevalecer. Esta guerra, que llevamos a cabo a lo largo de nuestra existencia en la Tierra, en lugar de hacernos felices y hacernos brillar, nos drena y nos condena a un sentimiento de insatisfacción y a una infelicidad casi perpetua. Por eso siempre necesitamos compararnos con los demás. Tratamos de robar la energía vital de los demás porque si lo hacemos, nuestro ego nos provoca una sensación momentánea e ilusoria de bienestar.

Pensé que aquel hombre tenía razón. Su reflexión no estaba privada de cierto significado. La relativización de la felicidad descrita de esa manera parecía una sensación malévola y de ninguna manera comparable al concepto de divinidad. Me hizo pensar que de algún modo se parecía al sentimiento de dominación y poder descrito por psicópatas y asesinos que se produce a su entender al apropiarse arbitrariamente de la energía de los demás de una manera violenta.

—Desafortunadamente, los hombres no pueden vivir bajo su propia luz. Para hacerlo, deberían aprender a absorber la energía gradualmente a través de toda una serie de elementos de la naturaleza sin dañarla. Entonces entenderían que ya lo tienen todo y no necesitan nada más. Pero, desafortunadamente, todo esto está en contradicción con la lógica de la economía y la sociedad que los seres humanos han introducido y mantenido a lo largo de los siglos, una máquina económica que favorece una oligarquía que te obliga a trabajar como un buey que hace girar la rueda de un molino.

—Sin embargo, me parece que lo que me estás sugiriendo, el hecho de que la divinidad está dentro de cada uno de nosotros, está en aparente contradicción con el primer mandamiento de la Biblia que dice textualmente «No tendrás otro Dios fuera de mí» —le señalé.

—Ese mandamiento se usó de manera instrumental. «No tendrás otro Dios fuera de mí» se refiere al ser interior. Es como decir: «No tendrás otro Dios fuera de ti». A lo largo de nuestra vida nos vemos obligados a usar máscaras que identifican y conforman nuestro ser cuando nos relacionamos con los demás. Pero solo a través del conocimiento de tu propio ser, el verdadero, estás en conexión con Dios. Las otras son solo las máscaras que se hacen cargo dependiendo de la situación.

Efectivamente, lo que Jack estaba diciendo no era algo cazado al vuelo. Como resultado de algunas investigaciones, descubrí que los Diez Mandamientos propuestos en el catecismo no se corresponden exactamente con los antecedentes presentes en la Biblia (Torá) seguidos y enseñados por Cristo, cuyo primer mandamiento comienza precisamente con la frase «Yo soy el Señor, tu Dios...». Parecía una extraña coincidencia.

Mientras tanto, Jack había continuado su relato, siempre intercalado entre respiraciones profundas e intensas, a lo que, sin embargo, me iba acostumbrando lentamente.

—Solo pasando tiempo a solas y haciéndonos preguntas encontramos las respuestas. Las soluciones siempre están ahí. En lugar de preguntar a los demás o a un Dios externo, debemos aprender a hablar con nosotros mismos, con nuestra alma. Y nuestra alma siempre tiene la respuesta correcta. Y la mayoría de las veces es una respuesta simple e intuitiva.

Aquella última frase provocó en mí una sonrisa al mismo tiempo irónica y complacida, que el hombre con los ojos cerrados recostado frente a mí no pudo ver. Irónica porque al escuchar sus palabras estaba presenciando la representación de un Cristo que se parecía más a un psicoanalista moderno que a un antiguo mesías. Y esto era particularmente extraño para mí, ya que la capacitación y la experiencia laboral de Jack tenían más que ver con la economía que con la psicología. Me sentí complacido porque en mi segundo libro, *Más allá del amor*,* había intentado demostrar, a través de informes de experiencias reales, las capacidades extraordinarias y casi extrasensoriales de nuestra intuición y cómo esta puede ayudarnos a percibir las pautas del universo. Jack, transmutado en Jesús, decía básicamente lo mismo y reiteraba el hecho de que el hombre puede alcanzar la felicidad solo si está en conexión directa con su alma. La única diferencia consistía en el hecho de que, al no ser practicante de la religión cristiana y católica, prefiero referirme a la divinidad con el término *Universo*. Durante los cursos y seminarios que llevo a cabo en todo el mundo, a menudo reitero que, en mi opinión, todos son libres de poner la etiqueta que consideren más apropiada a su Dios y llamarlo con el nombre que prefieran, sea Dios, Jesús, Alá, Yahveh, Brahma, Buda... o simplemente Naturaleza o Universo, como en mi caso.

—Se trata de un mandamiento tan subversivo que debe modificarse en su significado intrínseco para poder mantenerse. Las autoridades hijas del hombre tuvieron que cambiar el significado. Durante milenios, el mundo

---

* Publicado por Editorial Sirio.

entero ha girado en torno a una lógica de poder, los nombres, los estados o las naciones cambian, pero el hombre siempre trata de crear un enemigo para subyugar a los pueblos y las masas. Siempre lo ha hecho así. En mi época estaban los romanos, que eran los que subyugaban a otras naciones, a otras formas de pensar.

Pensé que era realmente extraña esa representación de Jesús de Nazaret que estaba presenciando de primera mano. Estaba a años luz de mi idea de Cristo. El hombre dócil y sumiso con la tierna y dulce sonrisa que me miraba desde la imagen del Sagrado Corazón colgada en la habitación de mi abuela cuando era un niño parecía tener poco que ver con el joven revolucionario y antisistema que se manifestaba ante mí ese día. Al escuchar sus palabras, se me ocurrieron muchas similitudes con nuestros tiempos modernos y me di cuenta de que nada había cambiado mucho desde entonces. El mensaje que surgía de las reflexiones de Jack era más actual. Pensé que tal vez sería necesario que viniera un mesías también hoy, dado que el mundo todavía parece estar dominado por oligarquías financieras que se ocupan de todo, excepto del bienestar de la gente. Pero preferí cambiar de tema.

—Mira profundamente a tu madre, a sus ojos color avellana. ¿Reconoces a alguien en ella?

—No es una sola persona. Su alma está presente en muchas personas. Algunas no están físicamente cerca de mí, pero sí lo están en el plano espiritual. No reconozco a nadie en concreto que esté presente en mi vida actual.

—Ahora mira profundamente a los ojos de Mary.

—Son oscuros y profundos. Son los ojos de una persona que está cerca de mí en este momento, mi compañera en la vida actual. En esta vida intento ayudarla a continuar lo que no ha podido hacer hasta ahora. Tiene los mismos defectos que entonces —dijo sonriendo con los ojos cerrados.

—¿Quiénes son las otras mujeres que están a los pies de la cruz? —pregunté con curiosidad.

—Está la otra María, llamada «la Samaritana», aunque en realidad entre nosotros no hay necesidad de llamarnos por nuestros nombres. Las mujeres pueden hablar conmigo casi telepáticamente. La mayoría de las veces solo una mirada, un simple gesto, un movimiento, una respiración es suficiente para entendernos. Me gusta hacerlas hablar, aunque a la sociedad de esa época no le agrada que las mujeres tengan voz. A menudo son las únicas que tenían algo inteligente que decir —dijo riendo.

—¿De qué color son sus ojos?

Marrones. Pero no me recuerdan a ninguna de las personas en mi vida actual —respondió anticipando cuál habría sido mi siguiente pregunta—. Sé que la encontraré tarde o temprano. Puedo sentirlo —añadió.

—¿Quién más está ahí?

—Una mujer muy conocida. Es la mujer de un romano. La esposa de Pilatos, el que me envió a morir en la cruz. Ella había comprendido mi mensaje, pero no tenía poder alguno. Su esposo me temía porque sabía que yo no podía ser engañado o comprado porque no le tenía miedo a nada. Quería demostrar a ojos de su esposa que él era el poseedor del poder. Me envió a morir por eso. Cualquier mujer que se me acercaba quedaba fascinada, pero no me interesaban físicamente. Todas pensaban que podrían ser únicas para mí, pero no entendían que yo no podía ser de nadie. No vine para ser de nadie. Vine a enseñar precisamente eso, el hecho de que somos parte de un todo. No podía crear un contexto que hiciera pensar que alguien tenía privilegios sobre los demás. Habría ido en contra de mi forma de ser.

—¿Cómo fue tu relación con María la Samaritana? ¿Qué te ató a ella?

—Estaba agradecida porque la trataba como a un ser humano, cuando la querían muerta.

—¿En qué sentido la tratabas como a un ser humano? ¿Los demás no la trataban así?

—A las mujeres a menudo se les atribuían costumbres licenciosas. En general, las consideraban seres inferiores, por lo que se utilizaba cualquier excusa para denigrarlas. El simple hecho de que las mujeres tuvieran más intuición y pudieran entender toda una serie de cosas mejor que los hombres era visto como algo negativo que cuestionaba la supremacía masculina. A menudo culpaban a las mujeres «incómodas», por así decirlo, incluso de falsas posesiones demoníacas. Los hombres lo han hecho desde siempre, y no entiendo cómo algo así es todavía tolerable.

—Ahora me gustaría que miraras a Salomé también. ¿Puedes decirme si la reconoces? ¿Si esta alma también está presente en tu vida actual?

—Me está hablando.

—¿Qué te está diciendo?

—Me está diciendo: «¿Qué te está diciendo?».

—Es decir, ¿no se fía de lo que estás diciendo? —observé, tratando de entender qué significaba esa frase sin significado aparente, repetida como por un loro.

—Es que tal vez esta persona no quiere pensar en quién era en ese entonces. En este momento está muy cerca de mí físicamente.

—¿La conoces? ¿Es una amiga tuya? —pregunté.

—Es un hombre. En la vida actual es un hombre.

—¿Cómo es tu relación actual? ¿Cómo ha cambiado en comparación con la de hace más de dos mil años? —pregunté en ese punto, intrigado por aquella declaración.

Es una pregunta que hago siempre durante una regresión cuando la persona bajo hipnosis reconoce el alma de alguien presente en su vida actual. Es un momento crucial y muy importante que a menudo puede resolver problemas de naturaleza relacional que involucran a personas de su existencia actual. Retroceder en el tiempo y verificar cómo interactuaron sus almas durante las muchas vidas vividas juntas constituye una ayuda valiosa, capaz de modificar las interacciones entre las personas y garantizarles una vida más armoniosa y feliz. Muchas veces los nudos kármicos que establecemos durante una existencia continúan acompañándonos en las posteriores. Desatar esos nudos tiene un efecto muy beneficioso en las relaciones interpersonales de nuestra vida actual.

Nunca en la vida hubiera esperado las palabras que salieron de la boca de aquel hombre en ese momento.

—Él es mi terapeuta —dijo, y agregó sin dudarlo—: Es muy bueno.

Su terapeuta... era... ¡yo!

Tardé muchos segundos, tal vez incluso unos pocos minutos, en recuperarme de la impresión. Mi cerebro comenzó a funcionar a toda máquina y a bombardearme *inputs*. Los pensamientos se acumularon en mi cabeza sin darme tiempo a procesar la información. La primera reacción fue de rechazo: me sentí engañado porque pensaba que había pocas posibilidades de haber compartido una vida pasada con un perfecto extraño. Me sentí casi ofendido porque su testimonio trataba de asimilar mi experiencia con la suya, que, hasta que no se demostrara lo contrario, por el momento me había parecido poco menos que un delirio. Acostado frente a mí había alguien que estaba teniendo una experiencia «singular», y hasta aquí nada nuevo, pero el hecho de que ahora yo formara parte en primera persona de esa experiencia era una historia completamente diferente. Es cierto, durante años me he dedicado a un tema controvertido como la regresión a vidas pasadas y he abierto mi mente a la posibilidad de que la realidad que nos rodea no se limite necesariamente a nuestros cinco sentidos, pero sigo siendo una persona cuya formación y enfoque siempre han sido lo más concretos y empíricos posibles. Esto era demasiado hasta para mí.

Sin embargo, el desconcierto inicial dio paso a un recuerdo de algún tiempo anterior, que mi mente decidió evocar en ese preciso momento. No estoy acostumbrado a compartir experiencias de regresión personal, pero lo que estoy a punto de contar es realmente increíble. Era el mes de marzo de hace cuatro o cinco años y estaba en Israel por unos días. Me habían invitado gracias al éxito de la versión en inglés de mi primer libro, *Nunca es el final*.* El día anterior a mi partida para regresar a Europa, después de los compromisos relacionados con mi profesión, la organización que me había invitado había cumplido mi gran deseo y se había encargado de planificar una visita privada a Jerusalén. Para mi sorpresa, el guía turístico que a la mañana siguiente vino a recogerme al hotel en un Range Rover gigante era un profesor universitario especializado en teología. El corto viaje de Tel Aviv a Jerusalén se convirtió en una agradable lección sobre las religiones de Abraham. Mi cultura en el campo teológico es tan limitada que todavía me pregunto hoy mientras redacto estas páginas cómo es posible que yo sea quien escriba este libro. Mi guía era un hombre llamado Moshe, de unos sesenta años, aunque, gracias a su constitución atlética y el bronceado, aparentaba muchos menos. Mientras recorríamos

---

* Publicado por Editorial Sirio.

las hermosas calles soleadas y contemplaba la vegetación sentado en aquel cómodo asiento de cuero, Moshe se dedicó a contarme la historia de la raíz común de las tres religiones de Abraham (judaísmo, cristianismo e islam). A mis ojos resultó nuevo y sorprendente cómo estas tres doctrinas, aparentemente tan diferentes hoy, podían haberse originado de la visión del mismo hombre. A la mayoría de los musulmanes, cristianos o judíos probablemente no les gustará escucharlo, pero las tres religiones, además de compartir la misma raíz, tienen muchas cosas en común. Como nunca había hecho catecismo ni estudiado los Evangelios, no tuve vergüenza alguna de admitir mi ignorancia sobre el tema. De hecho, creo que a efectos de la veracidad de la historia que voy a contar en este libro, mi ignorancia puede ser un valor agregado, ya que me será más fácil transmitir las percepciones de un espectador ajeno.

Ese día en Jerusalén había resultado especial desde el principio; me habían dado un tratamiento vip que incluía acceso privado a los principales lugares de interés, siempre acompañado por el sabio Moshe.

Pensé que Jerusalén era una ciudad realmente increíble. Por todas partes flotaba la historia, y las tres culturas religiosas, en lugar de ser conflictivas, parecían coexistir perfectamente en una atmósfera de armonía casi sobrenatural. Nací y viví los primeros años de mi vida en Roma y siempre había respirado el aire de antigüedad y solemnidad que la distingue. Sin saberlo, también era un tanto chovinista y presuntuoso, ya que a menudo los habitantes de Roma están acostumbrados a considerar su ciudad como la más antigua del mundo, el origen de todo. Estaba equivocado. Tan pronto como puse un pie en Jerusalén, a mis ojos Roma se convirtió repentinamente en una ciudad «moderna», en una Nueva York de hace dos mil años. La sensación que tuve fue que todo había comenzado allí, en Jerusalén.

Desayunamos en la parte trasera de una panadería típica donde probé los verdaderos *bagels* israelíes espolvoreados con *zaatar*, con un aroma y un sabor inconfundibles, planos y largos y no en forma de rosquilla como los que había comido en los Estados Unidos cuando era niño. El recorrido por las tres religiones me llevó luego al monte de los Olivos, al Vía Crucis, al Santo Sepulcro y a la mezquita de al-Aqsa, para terminar con lo que ya consideraría desde entonces como la gran atracción: el Kotel, o el Muro de las Lamentaciones.

Habíamos logrado entrar por el lado izquierdo del templo gracias a una autorización especial y una escolta que nos seguía a todas partes, un detalle que me hizo sonreír y que me sorprendió bastante, porque los que me invitaron debieron de pensar realmente que yo era un pez gordo, y quizá no sabían que mi fama como escritor no era tanta como para necesitar protección. En cualquier caso, la escolta había resultado muy útil para acceder a lugares inaccesibles. Moshe me contó brevemente la historia del muro y luego, después de preguntarme si quería orar, se alejó, dejándome unos minutos. Estaba realmente solo frente a una parte del enorme edificio milenario; el resto de los peregrinos estaban en el área abierta al público más allá de una valla. Según la tradición, aunque no soy judío, al menos en esta existencia, puse la mano derecha en el muro y apoyé la frente.

Tan pronto como cerré los ojos, las imágenes comenzaron a aparecer. Y la información de toda una vida llegó de repente, en unos pocos segundos. Involuntariamente tuve una regresión espontánea. Ya no era Alex, de cincuenta años, en el siglo XXI, sino una mujer joven en el siglo I. Era muy hermosa, sabía que no tenía una tez clara, sino un poco oscura, ojos grandes y cabello castaño largo y rizado. Era alta y llevaba una túnica larga blanca que parecía vieja o tal vez estaba sucia, con un cordón en la cintura y un par de sandalias de cuero. Era exactamente el año 17 d. C. y estaba en Jerusalén. Era judía y sostenía en mis brazos a un niño de unos siete u ocho años de edad, también vestido con una túnica ligera. Su cabello era rizado como el mío y se lo acariciaba mientras lo mantenía cerca de mí. Mi hijo tenía una tez ligeramente más oscura que la mía y también era delgado y bastante alto para su edad. Todas estas imágenes me llegaron con una claridad y una velocidad que las hizo inequívocas, sin dejarme ni siquiera las fracciones de segundo necesarias para que mi cerebro las analizara y posiblemente dudara de ellas. Sabía que tenía que huir y protegerlo porque había una persecución contra los judíos ordenada por los romanos (solo después de esa experiencia supe que, de hecho, en esos años hubo una feroz cacería de judíos promovida por el emperador Tiberio).

Los judíos siempre han sido un pueblo perseguido, y me vino a la mente que todavía en nuestros días hay quien niega el Holocausto. Algunos se empeñan en argumentar que los campos de concentración nunca existieron. Yo mismo he conocido a más de una persona que fue recluida en esos campos y he escuchado el testimonio de sus escalofriantes relatos sobre el acoso, la tortura, la desnutrición y los asesinatos. Una mujer que conozco perdió a todos sus seres queridos en Auschwitz; fue la única superviviente de su familia en la ciudad donde vivía.

Mientras tanto, el flujo de información no había sido interrumpido por mi reflexión. Junto con un gran grupo de personas huíamos de Jerusalén rumbo al desierto, el único lugar donde tendríamos alguna oportunidad. Unas pocas bestias de carga transportaban los víveres e incluso mi hijo, a pesar de su corta edad y de su constitución magra, caminaba cargado de alimentos. Estaba sola porque mi esposo se había quedado en la ciudad tratando de defender los negocios familiares y se pondría a salvo más tarde. Estábamos cansados porque llevábamos todo el día caminando y encontramos refugio debajo de unos árboles bastante bajos —me parecieron olivos, o tal vez simplemente lo sabía, porque la información me llegó al instante, como todas las demás—. Sin embargo, las nociones de botánica de Alex en la vida actual no me habrían permitido entenderlo. Mi hijo, exhausto, y yo nos quedamos dormidos abrazados debajo de uno de aquellos árboles. De esa vida también supe que mi esposo sobreviviría y en unos meses se uniría a nosotros en la nueva ubicación donde nos habíamos establecido. Mi hijo crecería con nosotros, pero nos dejaría inmediatamente después de la adolescencia para seguir su camino por lugares alejados de nuestro hogar.

—Deberíamos irnos —dijo Moshe, mi guía turístico, despertándome de repente de aquel intenso *déjà vu*.

Abrí los ojos todavía aturdido, aunque solo habían pasado unos minutos, y dije que sí casi automáticamente. Mi mente todavía estaba llena de los increíbles recuerdos de aquella vida pasada. No había recibido más detalles sobre la existencia de esa joven judía, pero supe perfectamente que el resto de la vida que les esperaba tanto a ella como a su hijo estaría lleno de satisfacciones. Una profunda sensación de paz y bienestar me invadió. Estaba a miles de kilómetros de mi lugar de residencia y, sin embargo, me sentía como en casa.

La regresión espontánea en Jerusalén había tenido lugar bastante tiempo antes de la sesión de ese día con Jack/Jesús y, sin embargo, había coincidencias que me inquietaban. Las fechas, la mujer judía alta de tez morena y cabello largo y rizado, su vestido... Mi cerebro escéptico y racional me señaló que probablemente habría miles de mujeres como aquella en ese período histórico. No obstante, me sentía aturdido y estaba perdiendo la lucidez habitual que me caracteriza cuando me dedico a mi trabajo.

Estaba realmente confundido. Así que decidí que tal vez era mejor dejar pasar ese día y enseguida terminé la sesión con Jack. Aplacé las explicaciones y las muchas preguntas que bullían en mi cabeza para la próxima sesión y establecí una cita para la semana siguiente. Recogí mis cosas y traté de salir de mi consulta lo antes posible, pero también me temblaban las manos. Tanto el bolígrafo como el cuaderno de notas se me cayeron al suelo y apenas tuve tiempo de salvar el ordenador portátil, que no habría sobrevivido intacto a la caída.

Por la carretera, conduciendo de camino a casa, recordé aquel encuentro improbable e increíble. ¿Cómo podría tener sentido todo eso? Aquello ponía a prueba seriamente incluso mi larga experiencia con personas no convencionales, por así decirlo. Al llegar a casa, más de una hora y media después, todavía estaba muy conmocionado y varias preguntas seguían repitiéndose en mi cabeza. No tenía ni idea de qué podría haber detrás de ese extraño encuentro y qué me esperaba.

No pronunciarás el nombre de Dios en vano

Era la mañana soleada de un martes de junio y en la calle, mientras caminaba por la ciudad, se respiraba el aroma a verano. Al pasar frente a una conocida pastelería, no pude resistir la tentación de pedir un pastel recién horneado para acompañar mi habitual café con leche de soja. Las personas con las que me cruzaba me sonreían espontáneamente. Aunque estábamos a mediados de junio, el aire era fresco y el cielo estaba particularmente azul. Uno de esos días de casi verano que desearías que nunca terminara, simplemente perfecto. Excepto por un pequeño detalle: yo estaba muy lejos de sentirme sereno. En unos minutos tendría que reunirme con Jack nuevamente para una segunda sesión y, aunque después de la reunión de la semana anterior había podido calmarme un poco, me invadía cierta sensación de inquietud.

Era un hombre absolutamente normal, pacífico e incluso agradable, pero el contenido de su primera regresión no me había dejado dormir durante varias noches. Antes de concluir la sesión de la semana anterior, habíamos hablado al respecto y él también se había sentido tan sorprendido como yo. Me dijo que nunca habría imaginado algo así y que antes de ese día incluso había pensado que no podía ser hipnotizado.

Es una opinión común de muchas personas creer que no cumplen con los requisitos o que no pueden entrar en un estado de trance hipnótico. Hay quienes dudan de sus habilidades y quienes en cambio culpan a la inexperiencia del profesional, pero, en cualquier caso, es una duda que normalmente afecta a la gran mayoría de quienes deciden someterse a una sesión de hipnosis. Sin embargo, los hechos demuestran lo contrario: entre varios cientos de regresiones, las personas que no han logrado entrar en un estado hipnótico satisfactorio se pueden contar con los dedos de una mano. La hipnosis es un estado natural, bastante similar a un estado meditativo; a nivel cerebral, numerosos estudios de neuroimagen confirman que las áreas del cerebro que se activan durante un estado hipnótico son las mismas que las involucradas durante una sesión de meditación. Lo mismo se aplica a las ondas cerebrales que se pueden medir con un aparato muy normal, un electroencefalógrafo, como el que a veces utilizo durante las sesiones. La única diferencia es que, en general, la hipnosis puede no ser un estado de conciencia autoinducido. También debe especificarse que no se trata absolutamente de lo que solemos ver en el teatro o en la televisión. Nadie controla la mente de nadie: es un trabajo de dos. El profesional sirve para facilitar el proceso, guía a la persona a través de la experiencia, pero solo si el sujeto lo permite. Uno de los beneficios de la hipnosis regresiva es ayudar a recordar y comprender sensaciones, experiencias o recuerdos. Pero nadie puede obligar a hacerlo porque el sujeto siempre tiene el control y, si lo desea, puede negarse a responder preguntas, hacer exactamente lo contrario de lo que se le pide o incluso salir del estado hipnótico en cuanto se lo proponga.

La semana anterior, Jack, a ciegas, había sido el primero en sorprenderse por el increíble resultado de su regresión. No solo había entrado en trance con mucha facilidad, sino que incluso había alcanzado un estado muy profundo, en el que había recibido información que era, por decirlo de alguna manera, muy peculiar. Me había dicho que no sabía absolutamente de dónde provenía toda la información que llenaba su cabeza y que se había sentido como parte de un experimento de realidad virtual, excepto que no había visto nada en absoluto. Pero lo sabía todo.

Yo mismo había sido testigo de primera mano de lo que el hombre me decía. Salvo en un par de ocasiones, no había dejado de hablar.

Antes de comenzar la regresión, me ocupé de volver con él sobre su historia personal, familiar y clínica. Me sentí como un investigador buscando pistas que pudieran enmarcar al culpable de turno. Un Sherlock Holmes moderno en busca de detalles que me demostraran definitivamente que el hombre frente a mí era un mitómano hábil y astuto o que tal vez yo estaba participando en un *reality show* sin saberlo. Después de todo, me habían ofrecido la oportunidad en más de una ocasión, pero esta vez debía de ser un programa tipo cámara oculta, porque yo no estaba al corriente de nada.

La realidad resultó completamente diferente. Estaba frente a una persona muy normal, aunque divertida y muy inteligente.

—Entonces, ¿de dónde crees que proviene la información que me diste durante la sesión de la semana pasada? —le pregunté finalmente.

—Creo que me la inventé —dijo riendo.

Pero la experiencia me decía lo contrario y pensé que, en efecto, no se trataba de simples fantasías. Le expliqué que para crear de la nada algo coherente, el cerebro necesita algunos instantes para elaborar la información, que no es el caso si se trata de recuerdos, ya que emergen y se manifiestan de manera instantánea. La semana anterior pude observar que Jack estaba recibiendo la información de inmediato y que hubiera sido imposible inventarla a un ritmo tan rápido. De hecho, es una metodología simple, que consiste precisamente en buscar la inmediatez de las respuestas, que también suelo usar con las personas que vienen a mi estudio para verificar si se trata de recuerdos o de pura imaginación. En pocas palabras, no le doy tiempo a su cerebro para imaginar nada. Si la información llega instantáneamente, creo que tengo más pruebas de que estamos en presencia de recuerdos reales de una vida pasada. En mi caso y en el de Jack, estos fueron recuerdos algo «incómodos» para los dos.

Con la esperanza de que la sesión de ese día nos ayudara a resolver esas dudas, lo invité a recostarse en el sofá y a mirarme a los ojos. Mientras contaba hasta tres, sus párpados se cerraron y sus pupilas comenzaron a moverse rítmica y rápidamente en fase REM (*Rapid Eye Movement*), dejándome ver solo una pequeña porción blanca de sus globos oculares. Se encontraba inmerso en un estado aún más profundo que la semana anterior y de nuevo comenzaron sus respiraciones sordas, haciendo que mi corazón empezara a latir con una ligera taquicardia. Su voz no ayudó a calmarme en absoluto, porque era aún más profunda e incluso sonaba como la de otra persona.

—Estoy en Egipto. Tengo catorce o quince años y estoy justo a los pies de una pirámide.

—¿Hay otras personas contigo?

—Sí. Son mis maestros. Tienen unos treinta años.

—¿Cuántos son?

—Hay tres.

—¿Puedes describírmelos?

—El primero tiene el pelo corto, castaño oscuro, ligeramente ondulado, y la tez oscura. Va vestido de blanco con una larga túnica que le llega hasta los tobillos. Es una prenda muy sencilla, sin cinturón, con mangas anchas y largas. Tiene los rasgos característicos de la gente del norte de África, pero es robusto, alto y de hombros anchos. Su estructura muscular y su paso recuerdan a los de un romano. Se nota que tiene acceso a los mejores alimentos.

—¿No todos tienen acceso a ese tipo de comida?

—No podemos darnos el lujo de comer lo que comen los romanos. En cambio, él sí puede porque tiene algún tipo de acuerdo privilegiado por alguna relación de parentesco.

—¿Cómo se llama?

—Judas.

—¿Entonces estás en la misma existencia que ya habíamos explorado hace unos días? —pregunté preocupado porque tenía miedo de saber la respuesta. Aunque Egipto siempre ha sido una tierra muy poblada, realmente esperaba que fuera una coincidencia absurda y que la extraña experiencia de la semana anterior fuera solo un callejón sin salida que pudiéramos archivar tranquilamente.

—Sí.

«¡Vaya!», pensé.

—¿Qué estáis haciendo allí? —le pregunté.

—Me acompañan a la pirámide. Tendré que quedarme dentro durante siete días. Es una forma de conocimiento interior que debes poseer. Debes estar solo contigo mismo durante unos días para luego poder salir como adulto. Me acompañarán solo hasta la parte apical interna y luego cerrarán la pirámide. Estoy muy inquieto porque tendré que estar allí solo. Tengo miedo porque nunca he experimentado la soledad, y mucho menos en un lugar como este.

—¿Dónde vives?

—Me trajeron a Egipto con el objetivo de que adquiriera ciertos conocimientos. Mi padre cree que necesito conocer toda una serie de cosas antes de poder regresar a Palestina y me llevó a Egipto para someterme a esta forma de educación. Porque tengo que estar preparado.

—¿Preparado para qué?

—Para conocerme a mí mismo y para saber por qué vine a la Tierra. Los egipcios logran alcanzar este tipo de sabiduría a través de una técnica de aislamiento. Dentro de la pirámide hay muchos estados energéticos que ayudan a superar todos los temores que has desarrollado en tu adolescencia.

—¿Entonces tu padre también está contigo?

—Me acompañó el día anterior. Él no está con mis maestros.

—¿Quiénes son los otros dos?

—El segundo tiene una tez clara y el cabello muy blanco. Parece albino. Es muy viejo y tiene una piel parecida al papel de lija, rasgos muy esculpidos. Aparentemente es rudo, pero tiene un aspecto muy sereno y dulce y está sonriendo.

—¿Cómo se llama?

—Lázaro.

—¿Cómo va vestido?

—Es menos robusto que Judas, casi etéreo, y lleva una túnica oscura de color tierra. Más corta, con mangas más estrechas y hombros más anchos. Muchos se dirigen a él como si fuera el que tiene el conocimiento de lo que sucede dentro de la pirámide. Parece provenir de otro planeta porque posee conocimientos únicos en su género. Todos le tienen un gran respeto, casi una especie de temor reverencial, y no se sabe de dónde viene ni quién es su padre.

—¿Es respetado por su apariencia poco convencional? —pregunté curioso.

—No. Por su conocimiento. Él sabe perfectamente lo que sucedió en estos lugares hace miles de años. Muchos creen que durante décadas permaneció en una ermita en el desierto del Néguev y que logró asimilar las habilidades de conexión con otras formas de vida. La gente piensa que puede actuar como un canal y, por lo tanto, conoce los lugares exactos donde esta comunicación puede tener lugar de manera muy fluida.

—¿Quién es el tercer hombre?

—Es un aprendiz de maestro, parece casi una especie de adepto designado. Un joven que siempre sigue lo que hacen los otros dos. Simplemente escucha y observa lo que sucede para poder enseñárselo a otros. Como si hubiera sido elegido para ser el sucesor de esta escuela, el que luego transmitirá este tipo de conocimiento. Tiene un rostro aún muy infantil.

—¿Cómo se llama?

—Eptor.

Más tarde buscaría en vano el origen de ese nombre durante días, como siempre hago después de cada sesión para verificar tanto su significado como su fiabilidad histórica. No encontré nada a pesar de haber probado prácticamente todas las combinaciones posibles. El nombre de esa persona, nunca mencionado en los Evangelios ni en ninguna reconstrucción histórica, resultó ser un verdadero enigma. El lado izquierdo de mi cerebro, el racional, pensó que Jack se lo había inventado, como todo lo demás. Me propuse investigar más a fondo.

—Volvamos a la pirámide si quieres. Me has dicho que tendrías que pasar tiempo allí dentro. ¿Qué sensaciones te provoca eso?

—Nunca he estado allí antes y no sé qué me espera.

—¿No se les permite entrar a todos?

—No.

—¿Cómo es la pirámide por dentro?

—No lo sé todavía. Pronto abrirán la puerta. Estoy contemplando la puesta de sol que cae sobre la pirámide. Cuando el sol toque la punta y solo en ese preciso momento tendré que entrar. Cada uno de ellos tendrá acceso a solo una parte del edificio a la vez. El primero será

Judas, que me acompañará a la cima de la primera parte. Entonces vendrá Lázaro y me guiará hasta el comienzo de la parte descendente en el interior. Un punto donde la escalera desciende en profundidad. Hay un primer rellano y luego otra escalera cuesta abajo que conduce al centro neurálgico, el corazón de la pirámide.

—¿Dónde se encuentra?

—Se encuentra sobre el nivel del suelo circundante pero por debajo de la entrada. Me dejarán allí.

—¿Qué pasa? —pregunté, tras ver que su rostro adquiría una expresión atemorizada.

—La puerta se está abriendo. Se mueve pesadamente, arrastrándose hasta desaparecer en el interior, como si fuera una puerta corredera. Pero se mueve mediante engranajes, como si fueran cuerdas con un sistema de poleas. Solo se abre hasta la mitad, y eso es suficiente para que pueda pasar. No es necesario abrirla por completo, ya que es un trabajo agotador. Se ha llamado a unas treinta personas para que se ocupen de abrirla.

—¿Alguien vive en la pirámide? —pregunté ingenuamente.

—No. Está vacía. Su función es crear un campo energético y magnético. Es como si se alimentara de energía solar y fuera a su vez una fuente de energía para la población.

—¿Dónde estás ahora?

—Los cuatro estamos entrando juntos y vamos al primer punto. Judas abre el camino, yo lo sigo y detrás de mí vienen Eptor y Lázaro. Estamos subiendo. La superficie del suelo es muy empinada y está compuesta de rocas de mármol pulido. Caminamos en una sola fila porque el pasadizo no es muy ancho y comenzamos a subir una escalera hecha de escalones muy altos. No es fácil de subir, está tallada en la roca y parece estar hecha también de mármol, pero no liso. En este punto, la parte superior interna de la pirámide es visible solo desde un lado porque hay otras estancias dentro.

»Cuando alcanzamos el final de la escalera, Judas regresa, y le da el relevo a Lázaro, quien a su vez comienza a guiarme. Otra escalera oblicua y mucho menos empinada nos conduce ligeramente hacia la derecha. Nos detenemos en un primer rellano y ahora es el turno de Lázaro de regresar y de dar paso a Eptor. Tiemblo cuando escucho a Lázaro decirle que me dará instrucciones y que tendré que recorrer la última parte solo.

»Ahora bajamos nuevamente por un tramo de escaleras muy empinado que, sin embargo, esta vez se dirige hacia la izquierda. Empiezo a perder el sentido de la orientación, parece un laberinto. Llegaré a una habitación cuya puerta se cerrará automáticamente a mis espaldas porque está controlada a distancia. Tendré que quedarme solo en esa estancia y darles tiempo a volver a salir. El mecanismo está controlado por un sistema de poleas que permite que ambas puertas se cierren simultáneamente. Cuando los treinta adeptos empujen la puerta de la entrada principal hasta que esté completamente cerrada, la puerta de la habitación superior en la que me encuentro se cerrará al mismo tiempo.

—¿Se han ido ya?

—Sí. Voy bajando la última parte de la escalera, que se estrecha paso a paso. Entro en la estancia y me siento en el suelo en el centro. La sala también tiene la forma de una pirámide. Está vacía, excepto por un gran bloque de mármol que contiene agua, mi única fuente de supervivencia durante siete días. Está completamente oscuro y la única fuente de luz que percibo es el resplandor del agua en una parte de la superficie de las paredes que parecen lisas.

»Parece magia y tiene que ser la misma piedra lo que emite esa luz porque no puedo ver ninguna abertura. Ahora trato de tocar la piedra y sentir la humedad del agua. Parece que emite una especie de luz, como el rocío al amanecer. No proviene del interior de la habitación sino del exterior, como si las rocas unidas entre sí dejaran espacios muy pequeños entre ellas para permitir la entrada de minúsculas partículas luminosas. Gradualmente, la oscuridad se convierte en luz.

—¿Qué sensaciones estás sintiendo?

—Tengo miedo de mí mismo.

—¿Por qué?

—Tengo miedo de que aquello que me decían y que siempre supe desde que era niño se haga realidad.

—¿A qué te refieres?

—Al hecho de que no soy el hijo de mi padre y que mi padre es el que está en el cielo. A no ser como los demás. Tengo miedo de no ser como los demás.

Cuando terminó la última frase, el hombre estalló en sollozos.

—¿Qué te asusta? —le pregunté tan pronto como vi que se había calmado un poco.

—Haber venido para dar ejemplo. No quiero dar ejemplo. No quiero tener esa responsabilidad. Me siento predestinado a hacer algo que no quiero hacer.

—¿De qué se trata?

—Debería explicarle al mundo y a las personas que necesitan cambiar su perspectiva, pero soy demasiado joven para hacer algo tan grande. No tengo un ejército para poder hacerlo. Deseo disfrutar de la vida y pasarla simplemente como todos los demás. No quiero tener esa responsabilidad. Quiero jugar y no ser quien les muestre a los demás lo que tienen que hacer, no me interesa.

—Entonces, ¿eres el único que hace este tipo de retiro dentro de la pirámide, o también lo están haciendo otros jóvenes?

—El sacerdote ha dicho que yo soy el elegido. E incluso los miembros de mi familia se han hecho a la idea de que lo soy. Ahora ya ni siquiera los considero como miembros de la familia que me protegen, sino como personas que, habiendo tomado una decisión en mi lugar, me han obligado a hacer lo que otros quieren. Ya no son los que me defienden, sino los que aceptan que se haga la voluntad del Padre.

—¿Y cuál sería esa voluntad?

—Pues que he venido para mostrarles a todos que puede ser realmente increíble lo que un hombre solo puede hacer cuando cree en sí mismo y se sacrifica en nombre de sí mismo. Cuando puedes entender que todo se crea a imagen y semejanza de la divinidad que está dentro de ti, finalmente puedes conocer el verdadero poder que hay en ti y en cada uno de nosotros.

»Para hacerlo, debes demostrar que todo lo que sucede a tu alrededor no puede herirte, que todos los sufrimientos no te causan dolor. Debes demostrar que estás libre de cualquier forma de condicionamiento. Y para hacer eso, necesitas trabajar en ti mismo, en tu voluntad y habilidad para desarrollar formas de resistencia. El retiro dentro de la pirámide sirve para desarrollar estas habilidades. ¡Pero todavía soy pequeño!

—Es cierto —lo secundé, notando que la expresión de su rostro ya no era la de un ejecutivo de cuarenta años, sino la de un adolescente aterrorizado.

—Es la voluntad del Padre demostrar a los seres humanos que Dios está dentro de nosotros. Y debe ser un hombre solo quien pueda hacerlo, para que todos entiendan que no hay necesidad de ejércitos o de poder para cambiar las cosas, sino que todos pueden hacerlo. Porque la respuesta siempre está dentro de nosotros. Y tengo que dar ejemplo, porque, aunque soy su hijo, nací como todos los demás.

—Pero los demás te consideran un elegido...

—Yo soy el cordero sacrificado.

—¿El cordero sacrificial de qué Dios?

—Mis maestros piensan que educarme para sacrificarme y para tener capacidad de sufrir me llevará a ser un testimonio vivo para otras personas, que así podrán entender cómo se puede superar el miedo a la muerte a través del conocimiento de la muerte misma.

Las palabras de Jack despertaron en mí un punto de orgullo y las encontré absolutamente pertinentes a la situación en la que estábamos. De hecho, el propósito fundamental de una regresión a vidas pasadas, en mi opinión, es precisamente eliminar el miedo a la muerte que sufre la mayoría de la gente. La experiencia en este campo me ha enseñado que si no tienes miedo a morir puedes vivir la vida con plenitud y con un significado absolutamente diferente. Por esta razón, en cada sesión me aseguro de hacer que todos experimenten una vida pasada hasta el final, para que la persona pueda experimentar el momento de la muerte de primera mano y comprender que es algo lejos de ser aterrador. Es curioso cómo, desde nuestra perspectiva terrenal, la muerte se percibe como algo terrible, mientras que quienes la experimentan de primera mano la describen como algo maravilloso y relajante. Esta percepción no está presente solo en las personas que experimentan una regresión, sino que también es compartida por todos aquellos que han vivido una experiencia cercana a la muerte (NDE, *Near Death Experience*) y, por lo tanto, han experimentado un estado de coma o incluso la muerte física durante unos segundos o minutos. Muchas de estas personas explican que sus familiares, que ya están al otro lado, se presentaron para darles la bienvenida y saludarlas en el momento de la muerte.

—¿Tal vez prefieres no mencionar el nombre de Dios en vano? —pregunté entonces, al darme cuenta de que mientras tanto el hombre no había respondido a mi pregunta.

—La divinidad es la existencia misma, saber cómo cultivar y mejorar las habilidades para poder brillar con luz propia. Ese mandamiento pertenece a la tradición de transmitir el conocimiento del pueblo judío y originalmente no estaba formado por esas palabras.

—¿Eres judío?

—Nací judío, hijo de judíos. Recibí mis primeras enseñanzas en la escuela hebrea y estudié con los rabinos hasta los trece años. Este mandamiento no dice que el nombre de Dios no deba mencionarse, sino que se refiere al hecho de que la divinidad no debe ser cuestionada por asuntos triviales o superficiales relacionados con la esfera material. La esfera divina de cada uno de nosotros debe reservarse solo para asuntos importantes, es decir, aquellos que tienen que ver con nuestra evolución interna o con relaciones interpersonales cruciales para la evolución de toda la sociedad humana y del mundo mismo.

»Al hablar con Dios, las solicitudes siempre deben referirse al bien común. Si te equivocas en la pregunta, no obtienes respuesta alguna. No todos pueden entenderlo.

Por esta razón se les dijo a las personas que no podían hablar con Dios. El acceso a la divinidad estaba reservado a religiosos y sacerdotes, porque si todos comprendieran que tenían acceso directo a Dios, el papel del sacerdocio desaparecería.

—¿Entonces todos pueden hablar con Dios?

—Sí.

La interpretación que el hombre había dado al mandamiento me pareció muy interesante. Tanto las experiencias de premuerte como las regresiones suelen confirmar que espiritualmente todos formamos parte de una sola entidad y todos hemos sido creados a partir de una sola energía. Me gusta llamar a esta maravillosa energía que nos compone con el nombre de «amor» porque, en mi opinión, es la etiqueta que mejor describe las sensaciones y las relaciones que experimentamos en el estado espiritual. Personalmente, comparto el hecho de que, si se invoca la ayuda de Dios o del Universo, siempre debe hacerse con miras al bien común y no solo para beneficio personal. El guion de nuestras vidas es similar a un rompecabezas que sigue un diseño divino en el que todas las fichas deben encajar perfectamente para que la figura pueda manifestarse en su totalidad.

—¿Puedes hablarme de la relación con tu familia? —dije tras decidir cambiar de tema.

—Un día, cuando tenía once o doce años...

A menudo sucede que las personas en regresión declaran su edad entre dos años. «Once o doce», dijo Jack.

A partir de mi trabajo he comprendido que tiene que ser un tipo de error interpretativo del cerebro en el procesamiento de la información que está recibiendo debido a la velocidad de la transmisión. O en lugar de ser un error, podría ser un verdadero exceso de celo, debería decir, ya que el número doble se refiere al hecho de que la persona en este caso tiene once años y ha entrado en su decimosegundo año de edad. Una anécdota que cada vez sigue resultándome, cuando menos, curiosa.

—... repudié a mi madre —exclamó dejándome aturdido—. Estaba en Jerusalén y ella había venido a buscarme porque me había escapado. Me gustaba caminar y perderme por la ciudad y me encantaba escapar de la protección de mi madre y de mi padre porque quería *oler* el comportamiento de los seres humanos. Perdiéndome entre las masas e intentando seguir la ola, me sentía libre y seguía al viento. Mis padres a menudo se enojaban por esto.

»Un día fui al templo donde el sumo sacerdote celebraba los ritos. Los romanos mandaban en Jerusalén, pero permitían a los judíos profesar su religión, aunque bajo un estricto control. Utilizaban las jerarquías de la comunidad judía para su beneficio porque sabían que, a través de la religión, dominarían al pueblo con mayor facilidad. Los judíos siempre han sido difíciles de manejar, y de esta manera era mucho más fácil lograr sus propósitos que gestionando directamente una gobernación romana. Se trataba de una artimaña operativa del gobierno.

—Volvamos a tu madre. ¿Qué pasó?

—Entré en el templo para observar y escuchar lo que decía el sumo sacerdote. Después de unos quince minutos, atrapado por un ímpetu incontrolable y visceral, comencé a interrumpirlo gritando que lo que decía no era cierto. «¡Está manipulando la verdad!», les grité a los demás. No era yo, una fuerza sobrenatural se había apoderado de mí. Fue como un truco de magia, supe de algunos problemas físicos que el sacerdote tenía en la cadera izquierda que hacían que la pierna fuera tres centímetros más corta, así que grité que lo sabía y que se trataba de un castigo divino porque tiempo atrás se había vendido a los romanos.

—¿Qué le dijiste exactamente?

—«El día en que te quedaste lisiado no fue casualidad, sino por voluntad del Eterno. Ese día cambiaste tu alma por tu poder. Ese día quedará grabado para siempre en tu esqueleto y a cada paso recordarás lo insignificante que te has vuelto a ojos del Eterno». La voz que salió de mis labios ya no era la de un niño, sino que estaba tan llena de autoridad que todos los presentes se quedaron asombrados. Les expliqué a todos la verdad y todo lo que había omitido. El sacerdote estaba petrificado y parecía que el tiempo se hubiera detenido.

A través de una breve investigación llevada a cabo más tarde, descubrí que en ese momento los niños de esa edad que estaban preparando su iniciación religiosa iban con su familia al templo de Jerusalén para reunirse con los doctores de la ley y conversar con ellos. Al escuchar al hombre, pensé que el hecho de que hubiera ido allí era una coincidencia, pero con el tiempo aprendí que las coincidencias a menudo no existen. Los doce años de edad tienen un cierto significado en el judaísmo del Segundo Templo, ya que se corresponde con el *bar-mitzvá*, la edad de la madurez; como confirmación de que quien había hablado ese día en el Templo ya no era un niño.

Desafortunadamente, la descripción de Jesús en el templo me recordó que, aunque habían pasado más de dos mil años, los mecanismos económicos y sociales que nos gobiernan no han cambiado mucho. Las oligarquías financieras y las multinacionales de hoy en día representan la versión moderna de los comerciantes de aquella época, pero la dinámica es la misma. Al privatizar la información y administrar los asuntos públicos, logran manipular la opinión pública a su propio gusto y beneficio. Los ciudadanos, tan ignorantes ahora como lo eran entonces, confían y se ven privados de sus derechos, teniendo cada vez menos voz. Parece que el ser humano no ha aprendido mucho en todo este tiempo. La gente a menudo me pregunta por qué seguimos reencarnándonos, y yo les respondo que nacemos muchas veces porque hay muchas lecciones que aprender en la Tierra. Solo al experimentar todos los roles posibles, nuestras almas crecen, se fortalecen, se llenan de energía y amor infinito. Por suerte, el tiempo es relativo desde la perspectiva del karma y del crecimiento espiritual porque, lamentablemente, el camino parece aún largo.

Debo admitir que ese día la sesión con Jack no había resuelto las mil dudas que tenía en mente, sino que, por el contrario, me había generado más preguntas. Un aura de misterio envolvía las revelaciones abrumadoras de ese Jesús no convencional. La historia de las pirámides era realmente increíble y ¿quién demonios era el joven Eptor, el aprendiz de maestro nunca mencionado antes en ninguna de las Escrituras Sagradas?

Honrarás a tu padre y a tu madre

—Mientras tanto, mi madre todavía me estaba buscando y llegó al templo justo cuando yo había terminado de gritar —continuó Jack—. Ya se había corrido la voz de que un niño se había permitido silenciar al sumo sacerdote. Tan pronto como me vio, mi madre exclamó: «¡Tu padre y yo te hemos buscado por todo Jerusalén! ¿Por qué te has escapado?». Yo le dije que no era mi padre y que mi verdadero padre estaba en el cielo y que yo solo respondía a su autoridad.

»Ella, aunque me había entendido perfectamente, no reaccionó ante mis palabras. Nunca habían querido revelarme quién era realmente mi padre; me habían mencionado un nombre, pero se referían al José equivocado. Se trataba de otro hombre, no era quien me había criado, el paciente compañero de mi madre. Mi madre siempre había sido consciente de mi destino, pero para ella era solo un niño todavía, y no podía aceptar la idea de perderme. Así que siempre intentó ocultarme la verdad. Pretendía tratarme como a una marioneta.

—¿A qué te refieres? —le pregunté.

—Un día tuve una discusión con ella. Yo aún no había cumplido los veinte años y estaba hablando con un grupo de personas, hombres y principalmente mujeres. Mi madre, sabiendo cuál sería la conclusión de mi discurso y sin estar en absoluto de acuerdo, se acercó al grupo y me dijo que ella y mis hermanos habían venido a buscarme para llevarme a casa.

—¿Tienes hermanos?

—Sí. Cuatro, dos mujeres y dos varones. Las mujeres son la mayor y la más pequeña. Los varones son más jóvenes que yo.

—¿Todos vinieron con tu madre?

—Solo mis hermanos. Uno tiene diecisiete años y el otro quince. El primero se parece mucho a mí.

—¿Cómo eres tú físicamente?

—Tengo el pelo largo, me llega apenas por encima de los hombros, ligeramente ondulado y de color castaño oscuro. Él se llama Tomás y algunas veces nos confunden por nuestro parecido. El más joven, por otro lado, se llama Jacobo y es de constitución delgada, tiene el pelo negro corto y liso y también ojos negros como la brea. Llevan túnicas bastas similares a la que llevo yo. Nos las pasamos entre hermanos: cuando uno crece, la hereda el siguiente. La de Jacobo es gris y la de Tomás es de color teja.

—¿Cómo son tus hermanas?

—Una es mayor que yo, delgada y baja. Tiene el pelo pelirrojo cobrizo y la tez clara. No es normal tener tales características físicas en esta parte del mundo. Es costumbre ayudarse entre parientes, y creo que mis padres la han adoptado. Siempre la he conocido como mi hermana y para mí lo es, nunca me ha supuesto un problema.

—¿Cómo se llama?

—No lo sé.

—Ahora contaré hasta tres y te tocaré la frente ligeramente. A la de tres, tratarás de llamarla.

El hombre respondió con un sonido extraño. Había dos sílabas cortas que pronunció haciendo un curioso sonido gutural. Aunque era un nombre corto, le pedí que lo repitiera varias veces porque me resultaba difícil entenderlo y pronunciarlo. A mi entender, recordaba una versión aspirada de las dos palabras en inglés *saw* y *right* ('visto' y 'justo'). Quién sabe a qué se referían. Confieso que me sorprendió mucho aquel hombre con los ojos cerrados que intentaba emitir ese sonido tan extraño, y no pude mantener el *pathos* que requería el momento. Era la parte más racional y escéptica de mi cerebro la que me señalaba que era una situación paradójica y quizá ridícula: me enfrentaba a un hombre que afirmaba haber sido Jesucristo. Pensé que no podía haber nada más absurdo. A pesar de las divagaciones derivadas de mi escepticismo, sin embargo, logré mantener una actitud profesional.

—Es arameo. Hace mucho tiempo que no hablo ese idioma —dijo finalmente, satisfaciendo mi curiosidad.

Después de días de investigación, logré descubrir que el equivalente moderno y hebreo sería el nombre de Sarah. Su hermana tenía un nombre muy común... ¡para cualquiera que hable arameo!

—¿Cuántos años tiene?

—Veintisiete. —Pensé que, en realidad, no podía ser la hija biológica de la misma madre de Jesús.

—¿De qué color son sus ojos?

—Azules, del color del mar —dijo casi asombrado.

Comprendí su asombro. A lo largo de los años, yo mismo he podido verificar que existe una extraña correlación entre el color de los ojos de una persona que es vista por el sujeto durante una regresión y su alma. Por lo general, cuando los ojos son de color claro, significa que el alma de esa persona también está presente en la vida actual. No tengo ni idea de por qué sucede; mi interpretación es que se trata de una convención que el cerebro utiliza para comprender que es alguien conocido. Obviamente, no significa que el color de ojos de la persona reconocida en la existencia pasada sea exacto. Los de Sarah probablemente no eran azules, pero ese detalle le había permitido a Jack/Jesús reconocer su alma.

—Si la miras profundamente, ¿puedes decirme si el alma de esta persona está presente en tu existencia actual?

—Ella es mi hermana otra vez. También en esta vida es mayor que yo.

—Mira a tus hermanos a los ojos también, por favor.

—El alma de Tomás es la de mi hermano en la vida de hoy en día, y es menor que yo. Ha conservado su fragilidad. En la vida de Yoshua, le causé a Tomás muchos problemas debido a nuestra increíble semejanza. A menudo lo confundían conmigo y se llevaba culpas que no le correspondían a él.

—¿Cómo ha cambiado vuestra relación en los últimos dos mil años?

—Cada uno debe tomar su propio camino. No tenemos que condicionarnos el uno al otro. Cada uno debe tener su propia cosmovisión. El proceso de crecimiento espiritual de cada individuo debe tener lugar en soledad. El papel de un miembro de la familia no debe condicionar nuestras elecciones o nuestra evolución; de lo contrario, corremos el riesgo de no ser libres para cumplir nuestro destino. El afecto a menudo quita en lugar de dar.

»El miedo intrínseco del individuo no hace avanzar a la especie. Cuando se interviene pensando en hacer el bien a un amigo o a un familiar, se corre el riesgo de obstaculizar el curso de su evolución, a veces incluso provocando daños. Compartir los ideales sin haberlos elegido se convierte en una forma de restricción que coarta la libertad de seguir el propio camino. Dios se ocupa, el hombre no necesita tratar de influir en los acontecimientos.

—¿Qué hay de tu hermana menor?

—Tiene once años. ¡Ella siempre es feliz! —La boca del hombre dibujó una sonrisa...

—¿Por qué han venido a buscarte tus hermanos?

—No quieren que salga por ahí demasiado. Yo, en cambio, deseo compartir con otros la palabra del Eterno, del Universo.

—¿Qué te dicen?

—«Tu madre te está buscando. Tienes que volver a casa», me presiona mi hermano Tomás. Y yo le respondo dirigiéndome a una de las mujeres que han venido a escucharme: «¿Mi madre? ¡Ella es mi madre! —digo señalando a la mujer—. Quien escucha mi verbo es mi familia».

—¿Y no estás mirando a tu madre?

—No.

—¿Te referías a esto antes cuando me has dicho que la repudiaste?

—Sí. Quería resaltar la diferencia entre la familia de origen y la familia que, en cambio, te ayuda a cumplir tu destino. Nadie puede permitirse bloquear el fluir de los eventos, ni siquiera por razones emocionales. Su egoísmo ha tomado el control y quieren que me quede en casa para poder protegerme sin pensar que de esa manera van en contra de mi voluntad y no me permiten cumplir mi destino.

»Mi voluntad es la del Padre y es mucho más fuerte. Mi deseo de existir y llevar a cabo mi tarea no puede ser frenado. Es precisamente en esa ocasión cuando entiendo que el término *familia* no debe limitarse a unos pocos individuos, sino que debe extenderse a la totalidad de los seres vivos que están en armonía con el plan divino universal.

—¿Y cómo te sientes?

—No siento ninguna culpa porque dentro de mí sé que es lo correcto. No puedo permitir que nadie se interponga en mi camino. Ahora ya soy un adulto y lo he comprendido. Cuando era más joven tenía mucho más miedo y ellos pensaban que a medida que creciera seguiría teniendo.

—¿Puedes decirme si en la vida actual de Jack experimentas el mismo tipo de sensaciones?

Esta pregunta surgió de la parte más escéptica e incrédula de mi mente. Quería demostrar a toda costa que lo que el hombre decía era una transposición pura y simple de sus sensaciones actuales. Pensé que tal vez en la existencia actual su familia se había opuesto a sus elecciones y de alguna manera había cortado sus alas y que estaba sublimando esos sentimientos. Quería pruebas de que podría tratarse simplemente de su imaginación. Para mí era muy difícil creer que Jack estaba contando la vida de Cristo. Pero estaba equivocado.

—Es lo opuesto. Siempre he sobreprotegido a los miembros de mi familia por temor a que sus elecciones los pongan en peligro de alguna manera.

Sus palabras confirmaron exactamente lo que había presenciado muchas veces durante las sesiones de hipnosis de vidas pasadas, a saber, que volvemos a interactuar a menudo con las mismas almas, pero en roles diferentes. En nuestras muchas existencias interpretamos diferentes roles, pero siempre nos reencontramos con las almas de los seres queridos, con las cuales volvemos a reencarnarnos en roles siempre diferentes para compartir múltiples experiencias terrenales con el propósito de aprender a sentir amor, compasión y respeto por los demás y por todas las formas de vida. Comprender estas lecciones de vida y experimentar las sensaciones desde el punto de vista de los demás puede ayudarnos a mejorar significativamente nuestras relaciones interpersonales en la existencia actual.

—¿Puedes contarme un episodio de la vida familiar de Jesús? —especifiqué para evitar confusiones, ya que habíamos regresado brevemente al presente.

—Mi verdadero padre, el *verdadero* José, nunca estaba. Años después supe que era mi padre.

—¿Cuándo?

—Ya era un adulto cuando lo conocí.

—¿Y quién era?

—Me hicieron creer que era mi tío. Hoy es conocido como José de Arimatea. No podía tenerme como a un hijo porque tenía otra familia y otra misión en la vida. Era miembro del Sanedrín, un rico terrateniente. No podía decir que era mi padre porque tenía un gran papel en el sistema de poder de los sacerdotes y no podía renunciar a todo por un hijo ilegítimo.

»El otro José era el compañero de mi madre y solo era un tutor para mí. Aunque no me lo dijeran, nunca lo llamé papá. Siempre supe que no era mi verdadero padre, lo sentía. Lo quería mucho y él me enseñó un trabajo que me gusta. Lo considero un acto divino porque a través de la madera es posible crear. La tallas y puedes hacer lo que quieras, estás dando forma a un material vivo.

—¿Y luego qué pasa? —pregunté, viendo que la expresión de su rostro había cambiado y parecía serena.

—Toda la familia está allí, pero yo estoy un poco distante de los demás y estoy jugando solo. Tengo unos siete años y estoy recogiendo arcilla en la orilla del río. La estoy modelando y hago pequeñas esculturas que luego quiero darles a mis hermanos pequeños. Intento hacer animales, ovejas, pero es difícil hacer las patas porque deben ser finas y la arcilla se rompe, y me salen un poco rechonchas. José está alimentando a los animales y yo me he alejado porque quería estar solo. Cuando estoy solo tengo la oportunidad de escucharme por dentro; de lo contrario, siempre estoy ocupado, siempre me dicen que haga esto o aquello.

»Pero hoy no se puede trabajar, no se puede hacer nada. Es *Shabat* y me han dicho que no podía hacer nada, pero no les he hecho caso y me he puesto a modelar arcilla. Siento que estoy haciendo algo prohibido y aún me gusta más. Pero luego viene un amigo de la familia que me regaña y se lo cuenta a mis padres. Me castigan y me dicen que tengo que comportarme como los demás. ¡Pero yo soy diferente! ¡No le hago daño a nadie!

La voz del hombre se había transformado gradualmente en la de un niño triste y casi llorón. A menudo sucede durante una regresión que el sujeto asume características específicas de la edad a la que retrocedió tanto por lo que concierne a la voz como por las actitudes corporales o las frases que pronuncia, cuya construcción gramatical es muy simple.

No pude evitar fijarme en el alma ya rebelde de esa descripción del pequeño Jesús que estaba violando uno de los mandamientos que en ese momento decía: «Recuerda el día del *Shabat* para santificarlo. Seis días trabajarás, y harás toda tu obra, pero el séptimo día es de reposo total del trabajo y está dedicado al Señor tu Dios...», y posteriormente la versión católica modificada en: «Recuerda santificar las fiestas». Después de algunas investigaciones, descubrí que Jesús realmente lo haría más tarde, a la edad adulta. En la versión publicada por la propia Conferencia Episcopal Italiana, el Evangelio según Mateo, 12: 1-14 dice textualmente: «[1] En ese momento Jesús cruzó los campos de trigo un sábado; y sus discípulos estaban hambrientos y comenzaron a arrancar las espigas y a comer. [2] Cuando los fariseos vieron esto, le dijeron: "¡Mira! Tus discípulos hacen lo que no es lícito hacer en sábado". [3] Pero él les dijo: "¿No habéis leído lo que hizo David cuando él y los que estaban con él tuvieron hambre? [4] ¿Cómo entró en la casa de Dios y cómo comieron los panes de presentación que no les estaba permitido comer ni a él ni a los que estaban con él, sino solo a los sacerdotes? [5] ¿O no habéis leído en la ley que todos los sábados los sacerdotes en el templo violan el sábado y no son culpables?

[6] Ahora te digo que aquí hay algo más grande que el templo. [7] Si supieras lo que significa 'Quiero misericordia y no sacrificio', no habríais condenado a los inocentes; [8] porque el Hijo del hombre es señor del sábado". [9] Luego se fue, y llegó a su sinagoga [10] donde había un hombre que tenía una mano paralizada. Entonces ellos, para poder acusarlo, le hicieron esta pregunta a Jesús: "¿Es lícito sanar en sábado?". [11] Y él les contestó: "¿Quién es entre vosotros el que, teniendo una oveja, si esta cae en sábado a un pozo, no la saca? [12] ¡Es cierto que un hombre vale mucho más que una oveja! Por lo tanto, es lícito hacer el bien en sábado". [13] Entonces le dijo al hombre: "Extiende tu mano". Y él la extendió, y la mano se volvió tan sana como la otra. [14] Los fariseos salieron y organizaron un consejo contra él, para hacerlo morir». Luego tuve la oportunidad de encontrar que el mismo episodio también está presente en los Evangelios según Lucas, 6 : 1-11 y según Marcos, 2: 23-28; 3: 1-6.

Fantaseé con ternura sobre la posibilidad de que el niño ya de adulto quizá no hubiera mencionado esa oveja por casualidad y pensé que ese pequeño acto de rebelión ya podría presagiar una decisión que luego le habría costado mucho. Mi curiosidad dio lugar a otra pregunta.

—¿Por qué desobedeces si sabes que es un mandamiento de Dios?

—Si lo que estás haciendo representa algo importante para tu prójimo, no debes sentirte obligado por un mandamiento que imponga el deber de santificar un día específico. Con mi amor santifico a Dios cada día que paso tiempo ayudando a otros o a mí mismo. Es precisamente en esos momentos cuando me siento más en contacto con el Padre. —La voz del niño había dado paso al tono solemne de un adulto.

Aunque mi cerebro ni siquiera podía admitir remotamente la posibilidad de que Jack fuera realmente la reencarnación de Jesús, los conceptos que expresaba eran muy interesantes y aceptables para mí. La descripción que había dado de las relaciones familiares parecía muy adecuada. De hecho, aunque no nos demos cuenta, todos estamos muy influenciados por la opinión de los miembros de nuestra familia de origen, ya sean hermanos, hermanas, padres o hijos. Su opinión tiene un valor absoluto y generalmente se considera más importante que la de un amigo. Y esto a veces puede limitar nuestra libertad individual. Sin restar importancia a la familia como sistema de apoyo para cada uno de nosotros, debemos admitir que a menudo tomamos nuestras decisiones basándonos en la eventual aprobación de nuestra familia y no actuando de acuerdo con nuestros sentimientos. Si consideramos el hecho de que la opinión de los miembros de nuestra familia a menudo está influenciada por la de otros familiares o por la misma presión social, al final muchas veces es casi imposible rastrear al verdadero autor de las elecciones que hacemos. Es un mecanismo inconsciente del que ni siquiera estamos al corriente; creemos que somos libres y en realidad estamos condicionados, y a menudo y sobre todo por miembros de nuestra propia familia. Pensé que aquel extraño Jesús tenía razón cuando hablaba de su necesidad de soledad y que solo gracias a eso podía conectarse con su verdadera esencia, con su verdadero yo, con su verdadero Dios. Aunque no acompañados por misteriosos aprendices como Eptor y en circunstancias menos imaginativas, probablemente todos necesitaríamos unos días de retiro dentro de una pirámide para saber quiénes somos realmente.

Gracias a mi entrenamiento y experiencia en regresiones, he comprendido que probablemente nuestra psique se divide en tres partes y experimentamos una situación de equilibrio emocional solo si las tres están en armonía. No se trata del Ello/Yo/Superyó que Freud planteó, como pude explicar detalladamente en mi primer libro, sino de algo más simple y más inmediato, mucho más similar al Consciente-Subconsciente-Superconsciente descrito por Jung. Después de pasar más de cuatro años de mi vida practicando el psicoanálisis junguiano, admito que puede que no sea objetivo. La primera es una parte mental, propia del plano físico e identificable con la mente racional o el cerebro (Consciente). La segunda y la tercera son partes ocultas a las que solo podemos acceder parcialmente cuando soñamos o mediante técnicas meditativas o hipnóticas. La segunda es lo que Jung llamaría Subconsciente y aquello que, en mi opinión, conserva y protege celosamente nuestra esencia de niño que creemos que hemos perdido al llegar a la edad adulta, pero que realmente nos acompaña a lo largo de toda nuestra vida. La tercera es nuestro Ser Superior o nuestra Alma (Superconsciente), que contiene toda la información que necesitamos en todo momento. Mientras escuchaba a Jesús contar su experiencia en la pirámide, no pude evitar relacionarla con la experiencia de la meditación. Después de todo, durante miles de años, las religiones y filosofías orientales, incluida la budista, han creído que el acceso a la divinidad se lleva a cabo a través del conocimiento profundo de nosotros mismos. Y se adquiere a través de la soledad y la meditación. Imaginemos que activamos una antena muy poderosa que nos permite recibir una infinidad de información, todo lo que necesitamos, cuyo origen sigue siendo un misterio hasta el día de hoy, tanto para la ciencia, que todavía no ha logrado demostrar exactamente el funcionamiento de la conciencia humana, como para las diversas religiones o filosofías, cada una de las cuales ha creado etiquetas personalizadas para definir la información que constituye esta tercera parte de nuestro ser y nuestra capacidad personal para conectarnos con ella. Superconsciente, Alma, Universo, Dios, Ser Superior, Intuición… que cada uno lo defina como desee. Dependiendo de las necesidades de cada uno, cuando alguien solicita mi ayuda, además de explicarle estos conceptos, tengo la costumbre de dedicar una o más sesiones completas a enseñarle herramientas meditativas y cognitivas que le permitan comunicarse tanto con su niño interior como con el propio Ser Superior. En mi opinión, es importante mantener un equilibrio constante entre estas tres partes de nuestro ser. Solo de esta manera podremos elegir libremente el camino que debemos seguir en armonía con quienes siempre hemos sido y con el fluir universal de eventos. Si nuestros tres planos no están en la misma longitud de onda, corremos el riesgo de complicarnos tanto la vida cotidiana como el bienestar psicofísico y el camino kármico.

Mientras pensaba en la validez de ese ejercicio de conocimiento interior dentro de la pirámide, vino a mi mente una mujer a la que unos años antes había guiado en una regresión a una existencia pasada. El día en que tuvimos la sesión, sus registros parecían bastante simples y poco interesantes, pero a la luz de la experiencia vivida por Jack en la piel de Jesús, tomaron connotaciones interesantes relacionadas con el uso de esos templos.

Claire era una mujer de cincuenta y nueve años que vino a verme una tarde de julio hace ya tiempo. Era bastante alta y tenía una constitución normal. El detalle estético que más me llamó la atención fue su cabello corto, blanco, despeinado y tieso, como formando numerosas crestas, algunas de ellas teñidas con tonos muy brillantes. Pensé que no era la típica mujer de casi sesenta años a la que estaba acostumbrado a abrir la puerta de mi consulta. Vestía pantalones vaqueros claros y un chaleco muy colorido con bordados que recordaban a los diseños peruanos o mexicanos. Unas pequeñas gafas de pasta rojas ocultaban sus claros ojos azules. Aunque la ropa y el peinado eran algo particulares, su manera de presentarse y de moverse me mostraron una mujer seria y segura de sí misma.

—Bienvenida —la recibí.

—Gracias. Es un placer finalmente estar aquí con usted.

—Puedes tutearme —le dije, sabiendo que no lo haría, como la mayoría de las personas. En cualquier caso, prefiero eliminar las barreras formales innecesarias, ya que los ejercicios de meditación e hipnosis que realizo son un trabajo en equipo para el cual es necesario el compromiso y la cooperación tanto del profesional como del sujeto.

—De acuerdo. Te tutearé entonces. —Pensé que realmente se sentía muy segura de sí misma.

—¿Qué te trae por aquí?

—Tuve una infancia difícil. Cuando tenía seis años, un pariente abusó de mí.

—Lo siento —la compadecí, recordando la abundancia de víctimas de violencia sexual entre los niños y con qué frecuencia es perpetrada por miembros de la misma familia.

—Sin embargo, no estoy aquí por ese motivo. Ya hace quince años que resolví ese problema que me había destrozado la vida. Ahora estoy bien y ya es agua pasada. Después de una larga psicoterapia que duró años, incluso logré enfrentarme a la persona responsable de aquellos abusos.

—Me alegro mucho por ti.

—Deseo realizar una regresión a vidas pasadas.

—Muy bien. ¿Has hecho esto antes?

—Lo intenté hace tres años, pero fue en vano. No pude relajarme. No entré en hipnosis. No creo que pueda. Incluso el terapeuta que me guio me dijo que la hipnosis conmigo no funciona.

He oído esta declaración llena de decepción y frustración cientos de veces. Y cada vez sigue sorprendiéndome y enojándome. Personalmente, puedo contar con los dedos de una mano las veces que una persona que ha venido a mí no ha podido hacer una regresión. No tolero que haya profesionales (tal vez incluso sea incorrecto llamarlos así) por ahí que descargan su falta de preparación en gente incauta. La hipnosis es simplemente una técnica, y para aplicarla debes conocerla bien. Siempre explico a todos los que participan en mis cursos o vienen a una sesión que el trance hipnótico es un estado absolutamente natural. Excepto en casos muy raros debido a enfermedades psiquiátricas particulares o a la toma de ciertos medicamentos, es un estado mental al que todos, y repito, todos pueden acceder. De hecho, es un estado en el que nos encontramos muchas veces al día, sin darnos cuenta. Cuando miramos una película, aunque estemos absortos en la trama, sabemos perfectamente lo que está sucediendo a nuestro alrededor, estamos en un estado hipnótico. Conduciendo el automóvil mientras pensamos en otras cosas nos encontramos en un estado hipnótico. Antes de quedarnos dormidos, cuando todavía estamos conscientes o simplemente despiertos, nos hallamos en un estado hipnótico. Entramos y salimos de este estado una y otra vez, lo hacemos tan bien que ni siquiera nos damos cuenta. Por lo tanto, decirle a alguien que no tiene las habilidades para entrar en un estado de hipnosis es una mentira, ya que no hay necesidad de ningún requisito personal en particular. Es una técnica de concentración y relajación que, si se aplica bien, puede producir resultados increíbles.

Después de hacer todas las preguntas de rigor y explicarle a Claire el ejercicio que íbamos a hacer, la invité a recostarse en el sofá y comencé a inducir el estado de relajación hipnótica.

—Mira hacia abajo, por favor. ¿Puedes verte los pies?

—Sí.

—¿Usas calzado?

—Llevo sandalias.

—¿De qué material?

—Parecen de tela. ¡Pero son duras! —parecía sorprendida y eso era una gran pista porque significaba que no se lo estaba inventando.

—¿De qué color son?

—Son claras, de un color crudo.

—¿De qué color es tu piel?

—Es más oscura que ahora, pero no negra. —Claire tenía la piel muy pálida.

—¿Puedes describirte a ti misma, por favor?

—Visto una túnica blanca no muy larga. Es delicada y ligera, creo que es de lino o de alguna otra tela de hilo muy fino. Está toda arrugada pero limpia. En el medio del antebrazo derecho llevo un brazalete dorado bastante grande, mientras que en el izquierdo llevo una pulsera compuesta de muchas piedras redondas. No tengo cabello, estoy completamente calvo. No, espere... —Me di cuenta de que Claire había comenzado a hablarme de usted otra vez, una señal de que había caído en un trance profundo—. Tal vez debería decir calva... ¡Soy una mujer!

—¿Y por qué no tienes cabello?

—Me lo afeitaron.

—¿Quién lo hizo?

—Los sacerdotes. Estoy dentro de un gran templo. Está hecho de piedra pulida, parece mármol, pero no creo que lo sea porque es más similar a la roca. Tiene forma piramidal. Trabajo aquí como ayudante y me ocupo del mantenimiento, limpio, ordeno y ejerzo de asistente durante algunos ritos. Tengo mucha curiosidad, me encantaría aprender y algún día convertirme en sacerdotisa, aunque sepa que no es posible. A las niñas no se les enseña a leer y, de todos modos, ni siquiera he ido a la escuela.

—¿Cuántos años tienes?

—Trece.

—¿Cómo te llamas?

—No me llaman por mi nombre, pero creo que mi nombre es Ágata, o tal vez es su significado, no estoy segura.

—¿Vives ahí?

—No estoy autorizada. Solo los sacerdotes pueden vivir en el interior. Vivo en una pequeña casa fuera de los muros del templo. Es una casa de color rojizo que parece estar hecha de tierra con pequeñas ventanas que se parecen más a grandes agujeros que a cualquier otra cosa. Es muy simple y dentro no hay casi nada.

—¿Puedes describirme a uno de los sacerdotes?

—Es más alto que yo y de complexión imponente. Su cabeza está completamente calva, como la mía, incluso sus cejas han sido completamente afeitadas. Su cuerpo es musculoso y también está completamente afeitado. Va envuelto en una túnica que no lo cubre del todo. Su mirada es muy autoritaria, pero al mismo tiempo dulce y protectora. Yo he sido confiada a él. No se me permite hablar con nadie más en el templo.

—¿Dónde están tus padres?

—Mi familia es pobre, son agricultores. Mis dos hermanos y mi madre ayudan a mi padre en los campos. Cultivan trigo. Me considero muy afortunada porque mi padre, en lugar de ponerme a trabajar la tierra, me permitió venir y ayudar a los sacerdotes. Aquí puedo aprender muchas cosas con solo mirar, aunque se enojan conmigo a menudo. He sido castigada varias veces porque estaba jugando, o estaba en la habitación equivocada o tratando de leer en voz alta. Con frecuencia me encierran en un cuarto oscuro diciéndome que pensar a solas me ayudará a crecer, a saber quién soy realmente.

Descubriría solo unos años más tarde que lo que me decía aquella mujer se parecía mucho a la experiencia que me relató Jack sobre la estancia de Jesús en la pirámide.

—¿En qué año estás?

—Treinta después de Cristo.

—¿En qué parte de Egipto estás?

—No estoy segura, pero sé que cerca hay una gran ciudad donde vive mucha gente. Está gobernada por los romanos y los ritos que hacen dentro del templo donde trabajo también deben ser aprobados por ellos. Los sacerdotes deben dar cuenta de todo. Sé que algunos rituales se han cambiado a petición de las autoridades romanas.

—¿Puedes describir alguno de estos rituales?

—No me permiten participar, solo ayudar a prepararlos. Utilizamos telas y recipientes que contienen agua y aceites, así como diversos artefactos. Una vez miré en secreto y vi que uno de los sacerdotes se concentraba en mirar un recipiente de piedra lleno de agua. Por lo que entendí, creo que era una especie de oráculo, un medio para leer el futuro.

—Ahora contaré hasta cinco. Cuando llegue a cinco, pasarás a estar en el momento más importante de tu vida —le dije a Claire—. De la vida de la niña egipcia —añadí. Y cuando llegué a cinco, le pregunté qué estaba pasando y por qué ese momento era tan importante.

—Me están regañando. Pero es extraño, no lo hacen con su voz. Solo una mirada de desaprobación es suficiente. Tiemblo de terror mientras uno de los sacerdotes me está mirando. Sus ojos no me hacen presagiar ningún buen augurio.

—¿Qué ha pasado?

—Robé el recipiente de piedra con agua. De hecho, solo lo tomé prestado. Entré en secreto en la habitación donde estaba el contenedor, donde nunca debería haber entrado. Quería practicar mirándolo, como hacen ellos, solo estaba tratando de aprender. Pero no está permitido, solo soy una ayudante, una especie de esclava, aunque naciera libre, y ahora ellos son los que se ocupan de vestirme y alimentarme. Lo que hice no es una simple travesura, lo consideran un verdadero sacrilegio. Como si mi gesto pudiera enojar a alguna divinidad. Saben que no es así y yo también lo sé. Pero los romanos no están de acuerdo, lo consideran un sacrilegio y los sacerdotes deben obedecer. Seré severamente castigada.

—¿Cómo?

—Me encerrarán dentro del cuarto oscuro en el templo. Como siempre hacen cuando quieren que reconsidere alguna acción o palabra mal dicha. Pero esta vez por más tiempo, tal vez días.

—¿Tienes miedo? —le pregunté al ver su expresión repentinamente preocupada.

—No tengo miedo de estar sola en la habitación. Estoy acostumbrada. No digo que sea agradable, pero ahora estoy cómoda. Puedo hablar conmigo misma y conocerme por completo. Los sacerdotes no están equivocados, es una forma muy poderosa de crecimiento personal, basada en la soledad, el silencio y la inercia. Sin ver nada, sin hacer nada, sin hablar con nadie, eres tu única interlocutora. Aprendes a saber todo sobre ti misma, a confiar en tu intuición y a ser más fuerte, más sabia y menos influenciada por los demás.

—Entonces, ¿por qué estás preocupada?

—Porque tengo la sensación de que nada bueno me espera.

Así que decidí llevar a la mujer al momento final de esa existencia pasada.

—Ahora contaré hasta tres e iremos al momento de tu muerte. Uno, dos, tres. ¿Dónde estás?

—Estoy sola en el cuarto oscuro —dijo la mujer; su rostro de repente expresaba una mezcla de preocupación y tristeza.

—¿Por qué te han encerrado?

—Esta vez he sido yo quien ha decidido venir.

—¿Por qué?

—He venido aquí para morir.

—¿De qué te mueres?

—He sido envenenada.

—¿Quién lo ha hecho?

—Los sacerdotes.

—¿Por qué razón?

—De nuevo por culpa del robo y el sacrilegio. Son actos que no se pueden tolerar. Debería haberlo sabido, pero mi curiosidad y mi deseo de aprender eran demasiado grandes. Quería aprender cosas reservadas para personas de una clase social superior y me han castigado por ello. Se considera una gran falta de respeto a los dioses y aunque los sacerdotes saben que no es así, han tenido que obedecer las reglas.

»Todavía tengo presente la mirada triste del sacerdote cuando me ha ofrecido la bebida envenenada. Sabía lo que estaba haciendo y está muy triste porque me quiere mucho. Siento que me estoy quedando dormida ahí en la oscuridad, pero no tengo miedo porque gracias a los numerosos retiros en soledad en la estancia he aprendido a sentirme cómoda conmigo misma y con Dios. No recuerdo nada más.

La mujer dejó de hablar y por fin una maravillosa expresión de felicidad apareció en su rostro, algo que generalmente sucede cuando una persona en regresión experimenta el momento de la muerte. Durante años, he sido testigo del hecho de que la muerte probablemente sea un simple cambio de estado y una experiencia muy agradable. Las personas describen cómo en ese momento perciben a sus seres queridos vivos y cercanos. Sienten que pueden leer sus pensamientos, sentir sus sentimientos. Están muertos, pero su conciencia sigue ahí, más viva que nunca.

La experiencia de Claire volvió inmediatamente a mí después de escuchar la historia de Jack aquel día. No conozco bien la historia de ese período ni las costumbres religiosas de los egipcios o de los romanos, pero indudablemente había analogías entre la experiencia del retiro espiritual de Jesús en la pirámide y la de la joven aprendiz de sacerdotisa. No solo la época histórica era la misma, sino también la sala de la pirámide y su extraño poder capaz de despertar la conexión divina de los individuos, así como el recipiente de piedra con agua. Tal vez tal ritual realmente había existido, debería investigar más en profundidad.

Ciertamente, aquel ejercicio reflejaba mi enfoque práctico de la espiritualidad. No podía estar en desacuerdo con lo que el joven Jesús había descrito esa mañana de verano en referencia a la relación individual que cada uno de nosotros tiene con la divinidad. En mi opinión, en la práctica religiosa, sea la que sea, el ser humano que está en presencia de un problema que lo atormenta pasa por tres fases: invocación, meditación y resolución. Cuando nos encontramos en una situación difícil que no podemos resolver por nuestra cuenta, lo primero que solemos hacer es pedir ayuda a alguien, pero cuando ningún otro ser humano puede ayudarnos, pedimos la ayuda de Dios. El siguiente paso consiste en poner en práctica la petición, y para hacer eso rezamos, vamos al templo, a misa, recitamos las Sagradas Escrituras o un mantra. Me gusta llamar a eso «fase de meditación» porque, cuando llevamos a cabo cada una de las actividades que acabamos de mencionar, lo que realmente estamos haciendo es activar un estado de conciencia diferente al de la vigilia. Un científico diría que nuestro cerebro está produciendo ondas alfa en lugar de ondas beta. En ese estado activamos el inconsciente, un recurso muy importante que puede ayudarnos a encontrar una posible solución al problema, porque nos da una perspectiva diferente de las cosas y, a menudo, mucho más próxima a nuestro sentimiento real. Cuando entramos en ese estado, inmediatamente nos sentimos más serenos porque el problema, de alguna manera, enseguida se reduce. La respuesta siempre ha estado dentro de nosotros, y de este modo logramos sacarla a la luz, al estado consciente. Es un mecanismo tan simple, pero al mismo tiempo divino, que puede hacernos entender lo que realmente significa haber sido creados a imagen y semejanza de Dios. La resolución, en cambio, puede ser práctica, si nos enfrentamos a un problema tangible, o emocional, en cuyo caso el problema será experimentado como mucho menos amenazador por nuestro ánimo. Por otro lado, la importancia de la oración y de los rituales como mecanismos de resolución de problemas ha sido reconocida por todas las civilizaciones y religiones desde tiempos remotos.

Recuerdo con cariño una conversación con mi madre, una católica practicante, cuando aún era joven y discutimos las razones de la misa dominical y la utilidad de asistir o no. En ese momento, pensaba que ir los domingos a escuchar un sermón cuyo contenido era casi idéntico cada vez era una pérdida innecesaria de tiempo. Hoy, habiendo entendido completamente las técnicas de meditación y los grandes beneficios que proporcionan, puedo decir con confianza que estaba equivocado. La misa para las personas que practican la religión representa un momento de recogimiento y contacto directo con su Dios y con su propia espiritualidad. Un momento positivo e importante para el bienestar psicofísico de todos. Ahora puedo entender completamente la actitud serena y pacífica de mi madre al regresar a casa el domingo después de estar en la iglesia.

Durante un período muy difícil socialmente que el mundo entero experimentó hace algún tiempo, yo mismo había recomendado el retorno a la introspección a todas las personas que me habían pedido ayuda. En una sociedad gobernada por estímulos externos, es fácil olvidar quiénes somos realmente o de dónde venimos, y el contacto más profundo con nuestra parte espiritual —nuestro Ser Superior— a menudo es lo que necesitamos para mejorar nuestro estado de ánimo y bienestar. Personalmente, para encontrarme a mí mismo, había puesto en práctica un régimen de desintoxicación en varios frentes: había dejado de ver las noticias en la televisión, no comía alimentos poco saludables o ultraprocesados y evitaba escuchar a las personas negativas a mi alrededor, que no hacían más que repetir las malas noticias extendidas por los medios de comunicación. Por el contrario, había aumentado el tiempo que dedicaba diariamente a la meditación y veía documentales sobre la naturaleza. El contacto con la naturaleza o los animales es otro canal de comunicación muy poderoso que puede recordarnos que en realidad somos seres divinos a menudo distraídos por asuntos puramente materiales. Estar conmigo mismo me había ayudado a superar esa fase difícil y a comprender lo que realmente necesito y cuáles son las falsas necesidades creadas por otros o por la publicidad.

Ese día con Jack, para mantener el tema del personaje, me sentí «bautizado» nuevamente. Después de todo, ese Jesús en particular, refiriéndose al conocimiento de nuestro ser, había reiterado más o menos los mismos conceptos. El hombre cuya hipnosis había dirigido puede no haber sido el Mesías, pero seguramente la sabiduría de las ideas que expresaba parecía innata y el mundo que describía, a dos mil años de distancia, no parecía tan diferente del nuestro. Ese hombre me parecía muy moderno tanto en sus pensamientos como en su forma de hacer las cosas. Y lo era también su particular familia extendida. Es increíble cómo incluso hoy hay quienes se maravillan de un padre que acepta criar al hijo de otro hombre, o de una mujer que adopta a la hija de su hermana. Todavía tenemos mucho que aprender.

De dónde proviene esa información y su fiabilidad es otra historia. Sin embargo, valoré que valía la pena continuar las sesiones con él. Después de todo, muchas partes de la vida de Cristo siguen siendo un misterio incluso para la historiografía oficial, y una persona como yo, bastante ignorante en la historia de las religiones o la teología, podía permitirse ofrecerle a Jack también una oportunidad para ser escuchado. Así que dejé de lado la morbosa curiosidad y los temores relacionados con la grandeza del personaje y decidí seguir adelante.

No cometerás actos impuros

Estaba sentado tomando un té en la gran terraza del hotel donde me alojaba, a orillas de uno de los principales lagos italianos, y miraba hacia el horizonte mientras escuchaba el sonido de las olas al romper en la orilla justo debajo de mí mezclado con los versos melodiosos de la fauna del lago. Aunque el hotel era muy grande, solo había un par de parejas mayores sentadas a las mesas y conversando en voz baja. Me sentía muy cómodo en ese rincón de paz y belleza inmerso en el paisaje de una puesta de sol que solo la naturaleza puede pintar. Contemplando el agua, sin nada que me molestara, experimenté una sensación de relajación extrema y sin darme cuenta me sumergí en un estado de autohipnosis. Mientras mi mente deambulaba serena y libre, un pensamiento tomó forma lentamente y me hizo comprender en un instante los sentimientos que tanto el adolescente Jesús como la sacerdotisa egipcia debieron de haber sentido. También con ellos, el agua con sus mil reverberaciones y su tranquilidad probablemente había logrado tomar el lugar de un hipnotizador experto.

—¡Señor Raco! —la voz de la recepcionista de la planta baja interrumpió mis pensamientos. Sabía que no se trataba de una coincidencia, pero todavía me sorprendió que la mujer hubiera llegado justo en el momento en que estaba pensando en la meditación de Jesús en la pirámide.

—¿Sí?

—Hay una persona en recepción que pregunta por usted.

—Gracias, Francesca, voy enseguida.

Ya sabía quién era y lo estaba esperando. Me había solicitado una sesión a toda costa, a pesar de que sabía que estaba allí por otros motivos y que no es mi costumbre aceptar citas de última hora. Pero él había recorrido muchos kilómetros a propósito para verme, y yo no había tenido fuerzas para negarme, aunque en realidad también tenía un gran deseo de verlo de nuevo.

—¿Cómo estás? —me preguntó Jack, mostrándome una gran sonrisa en su rostro barbudo enmarcado por el pelo largo. Ya había aprendido a tratarme de tú.

—Bien, ¿y tú? —respondí, a pesar de que en ese momento me vino un escalofrío. Aunque sonrió, todavía había algo en él que podía provocarme una especie de miedo.

Quizá fueran las respiraciones profundas y oscuras que el hombre había mostrado en sesiones anteriores. Aunque ya habían pasado varios meses, mi cerebro debía de haberlas recordado de repente.

Yo fui quien le pidió que detuviéramos las sesiones y nos diéramos algo de tiempo porque las citas habían sido bastante seguidas y no quería que su inconsciente se cansara demasiado. O al menos esa había sido la explicación que le había dado. Por lo general, después de un par de sesiones semanales, dejo a las personas un tiempo para recuperarse y permitir que su psique analice los conceptos que hayan surgido durante las regresiones. Esto les permite lograr el equilibrio emocional que normalmente sigue a una sesión en la que los traumas pasados son reelaborados. De hecho, en el caso de Jack había sido una excelente excusa: esperar unos meses le daría a mi parte más racional la oportunidad de «desenmascarar» su juego. Pensé que probablemente con el tiempo se cansaría de interpretar siempre al mismo personaje y que él mismo se daría cuenta de que no eran recuerdos de una vida pasada, sino imaginativas invenciones de su propia mente. Por otro lado, tenía que ser así, realmente no podía encontrarme frente a la reencarnación de Cristo.

—¿Cómo ha ido el viaje? —pregunté, sabiendo que venía de muy lejos y que nos separaban varias horas de vuelo.

—Muy bien. Llegué anoche, así que he tenido tiempo de descansar —respondió el hombre.

Después de las habituales frases convencionales, quise saber sobre el progreso de su vida, que según él discurría tranquilamente interrumpida por el trabajo y algunos viajes, y lo invité a la habitación que había reservado, utilizada como consulta para la ocasión. Le pregunté si tenía que ir al baño, como hago con todos antes de una sesión, ya que de lo contrario la relajación es físicamente imposible, y le pedí que apagara el teléfono móvil. Luego lo invité a tumbarse en el sofá que había en la habitación del hotel.

Esa tarde decidí usar una técnica de inducción rápida que permite al sujeto alcanzar el estado hipnótico en unos segundos, y el hombre se sumergió en un estado de trance profundo en apenas unos instantes. Sus párpados medio cerrados dejaban entrever el blanco de los ojos, que se movían aún más rápido de lo habitual. Las respiraciones profundas de Darth Vader se reiniciaron de inmediato, lo que hizo que, de nuevo, la situación me resultara verdaderamente inquietante. Parecía la escena de una película de ciencia ficción. O tal vez lo era, después de todo, dado lo que aquel hombre cuarentón que yacía frente a mí había vivido en una existencia anterior.

—¿Dónde estás? —le pregunté, una vez que terminé la inducción hipnótica al episodio de una vida pasada.

—Estoy en la orilla de un lago. —Su respuesta me confundió, pensé que no había podido realizar la regresión y todavía estaba en el momento presente, ya que la ventana de la habitación que teníamos delante daba justo a la orilla del lago.

—¿Qué pasa?

—Camino hacia un amigo.

—¿Quién es?

—Es Juan.

—¿Cuántos años tiene él y cuántos años tienes tú en ese momento?

—Él tiene unos treinta años y yo tengo veintiuno o veintidós.

—¿Qué os decís?

—Estoy abrazando su causa. Él te sumerge en el agua para hacerte un hombre nuevo. Voy a hacerle entender que estoy agradecido por lo que hace. Libera a los hombres de la carga de vivir y les da la oportunidad de comprender que pueden regenerarse.

—¿A qué te refieres?

—El ser humano puede elegir aligerarse. La sociedad te impone toda una serie de deberes. Él te libera de eso, te hace comprender que, como naciste un día, también puedes renacer a una nueva vida. Las personas entienden lo que quieren y la mayoría recurre a él solo porque lo que dice aligera la pesadez de su estilo de vida. Les explica que todo lo que valoran los demás no es realmente importante y, por lo tanto, las personas se sienten menos culpables de no poder hacer o actuar de acuerdo con lo que la sociedad requiere.

»Entonces se sienten libres y sobre todo comprendidas. Esto las ayuda mucho en la vida diaria porque se liberan de toda una serie de complejos y mitiga su sentido del deber, las hace sentir menos impotentes. Explica que el camino correcto se compone de pocas cosas, que la vida no está hecha para tener sino para vivirla, y para poder hacerlo tienes que liberarte de las obligaciones.

—Pero si uno se deshace del sentido del deber y todos hacen lo que quieren, la sociedad no puede funcionar —me opuse.

—No eres libre de hacer lo que quieras. Eres libre de hacer lo que quieras en el sentido de que a menudo haces lo que otros quieren que hagas. Juan te hace saber cuáles son realmente tus necesidades y te dice lo que realmente te hace feliz. Predica un tipo de sermón que te ayuda a liberarte. A veces también utiliza términos muy violentos y finge que hay un Dios que castiga a quienes no se liberan de su esclavitud. Utiliza la figura de Dios como un instrumento de miedo para el ser humano porque sabe que tiene que lidiar con muchas personas que tienen dificultades para aceptar la idea de tomar un camino diferente. Entonces los asusta, quiere que teman a Dios para que puedan entender cuál es el camino correcto.

—¿Estás de acuerdo con su enfoque?

—No comparto con él su manera de hacer las cosas. Nunca he pintado a un Dios violento y malvado. Siempre lo he identificado como el *Abba*, el Dios Padre. Es un ser que siempre está cerca de ti y nunca quiere castigarte. No es a través del miedo como se obtiene el respeto sino a través de acciones compartidas con otros. Solo de esta manera puedes hacer entender que para ser libre primero debes conocerte y amarte a ti mismo. Yo los tomaría a todos de la mano y el rito de la inmersión en el agua lo haría en un círculo para poder transmitirles toda mi energía, la de Dios Padre. No se necesitan palabras o amenazas, la vibración de nuestra energía en el agua sería suficiente. Es importante que sientan a Dios en su interior, como parte de ellos, y no fuera de ellos. Para hacer eso no hacen falta palabras, solo hay que dejarse llevar.

—Y hoy, en el presente, ¿cómo crees que podemos encontrar a Dios? —lo interrumpí, incapaz de reprimir esa pregunta.

—Depende de qué órganos quieras utilizar. Si utilizas la vista, te encontrarás con Dios cuando estás solo y en medio de la naturaleza, donde no hay construcciones hechas por el hombre. Si utilizas tu sentido del olfato, lo hallarás en todos los olores capaces de producir un sentimiento de felicidad en ti. Si utilizas el oído, lo oirás a través del canto de los pájaros. Si utilizas el tacto, lo encontrarás cuando abrazas el viento o te sumerges en el mar.

»Sentir a Dios dentro de ti es como una descarga eléctrica que recorre tu columna vertebral. Es una sensación de sombra, pero operada por la luz, la percepción de algo maravilloso que pasa por todo el cuerpo. No es un *shock* que produce dolor, sino un movimiento interno que te hace cambiar la percepción de la vista, el olfato, el oído y el tacto.

—Volviendo a Juan, ¿qué pasa después?

—Me acerco a él entre los demás. Está inclinado, sumergiendo en el agua a las personas que me anteceden en una fila, pero tras unos momentos se fija en mí y enseguida queda claro que no quiere bautizarme. Él dice que no lo necesito porque siente las vibraciones de mi energía y siente que estoy transmitiendo el mensaje de alguien que es más grande que yo.

»Le pido que lo haga de todos modos porque no quiero que me vean como la excepción. No quiero ser único. Tengo que ser como cualquier persona, porque solo pueden entender mi mensaje si me ven como uno de ellos. Tengo que dar ejemplo, y para que me consideren su prójimo, no pueden pensar que soy diferente. Juan lo entiende y me sumerge en el agua.

—¿Por qué tienes miedo de ser diferente?

—Me dijeron que viniera y que fuera aún más humano que cualquier otra persona. Tengo que experimentar el sufrimiento más que ellos.

—¿Por qué la vida a veces está hecha de tanto sufrimiento? —le pregunté sin dudarlo, pasándole a aquella figura tan carismática una de las preguntas más frecuentes que me hacían los lectores o las personas que asistían a mis seminarios. Tenía la esperanza de que el hombre que tenía frente a mí, o el personaje que interpretaba, pudiera darme una respuesta coherente y adecuada.

—Como seres humanos sufrimos porque nos sentimos inadecuados. La misma forma que nos encarna nos limita. Eres un ser espiritual y el cuerpo te impide ser quien realmente eres y, por lo tanto, estás obligado a interpretar el personaje de una obra de teatro. Pasas toda tu vida pensando que eres ese personaje y olvidas quién eras realmente. Todo en la dimensión humana te impide recordarlo y, así, sufres porque no eres realmente tú mismo. Eres alegría, amor, comprensión, y nunca aceptarías vivir en un mundo como este si tuvieras la conciencia de ser algo más evolucionado que el personaje que interpretas en la Tierra.

»A medida que adquieres este conocimiento y te alejas de algunas dinámicas opresivas de la sociedad, ya no eres útil para el cambio de los demás. Así, es concedido poco a poco y solo a alguno se le permite conocer el recuerdo de quiénes somos verdaderamente. Por esta razón, el hombre siempre ha buscado ayuda en la religión, y por esta razón los sistemas de poder intentan en todos los sentidos evitar que sepas que en realidad eres un ser espiritual. Porque si lo supieras, no harías nada para cambiar. Cuando el ser humano está en la Tierra, también tiene la función y la capacidad de determinar los cambios de comportamiento que influyen en toda la creación; de lo contrario, sería imposible provocar cambios evolutivos en todo el mundo.

»Si solo buscara un beneficio personal, se convertiría en algo que no es funcional para el crecimiento de todo el planeta. Todos los seres vivos están interconectados entre sí y también algunos comportamientos del ser humano que podrían parecer negativos en realidad tienen una motivación. La Tierra sufre cambios, y van en una dirección específica: la de permitir el nacimiento y la supervivencia de un nuevo sistema social y relacional. No debemos mostrar como negativo lo que hace el individuo, sino pensarlo desde una perspectiva más amplia.

»Un ejemplo es el de la contaminación, que producirá un gran cambio que determinará la evolución de toda la humanidad hacia una dimensión diferente de la vida. Los obstáculos son colocados por Dios para que haya un cambio de mentalidad que haga posible un nuevo paso adelante tanto para el ser humano como para el planeta. Como también es un ser vivo y evoluciona, la materia cambia de forma continuamente. Los desastres naturales también son síntomas de cambio. Con menos tierra y más agua, la naturaleza misma de los seres vivos cambiará y probablemente necesitarán más recursos hídricos.

»Hay un plan divino preciso en todo lo que sucede. El agua no es solo nuestra fuente de vida, sino que es el material del que se formaron todos los seres vivos. La especie humana cambiará en consecuencia y evolucionará una vez más. Solo nuestra presunción puede hacernos pensar que somos directamente responsables de un cambio tan grande. La manía de la humanidad por la grandeza es ridícula cuando se considera su tamaño infinitamente pequeño en comparación con la creación.

—El concepto no me queda claro. Entonces, si construyo una fábrica contaminante, ¿no estoy haciendo algo mal? —lo presioné.

—Significa que has experimentado y conocido ciertos tipos de valores y no otros. Significa que tu forma de ser le da valor al trabajo y, por lo tanto, has creado empleo. Cuando el trabajo ya no represente un valor, ya no construirás fábricas que contaminen. La empresa fundada en los negocios y el dinero es una herramienta funcional para atraer a las personas como abejas y estimularlas para que operen y hagan cosas. De lo contrario, el ser humano no haría nada y preferiría quedarse en el Edén para descansar todo el día.

—Pero hay un componente de voluntad en contaminar y causar desastres naturales —me opuse.

—No se trata de voluntad. El ser humano anhela y valora el dinero, y esto le permite justificar el trabajo. Entonces crea más compañías y más producción para ganar más dinero. Son pretextos creados por individuos que generan estímulos que pueden motivarnos, porque los humanos han tergiversado el hecho de que fueron creados a imagen y semejanza de Dios y afirman reemplazarlo. La contaminación es la consecuencia de un plan divino porque justifica el cambio de algunas formas de vida.

—Pero ¿y si yo, como ser humano, viviendo en el momento presente, no sintiera esta conexión? ¿Si no me hubiera sumergido en el lago de Juan? —le pregunté con curiosidad.

—Considera la sobrepoblación; ¿alguna vez te has preguntado si no podría ser un intento de suicidio por parte de la especie humana entendida como una única entidad? Esta gigantesca cámara de gas, que representa la contaminación, es quizá un medio que provocará la reducción de la población. Después de todo, es la humanidad misma la que contamina. Si la Tierra como organismo separado necesita una reducción de la población, llevará al hombre a ser su propio verdugo.

—Pero ¿qué pasa si una persona no siente esa sensación de pertenecer a algo más grande?

—No estás hablando de ti, ¿verdad?

—No. De las personas en general —respondí, impresionado por la pregunta. Era como si él ya supiera que yo estaba ejerciendo de abogado del diablo, por usar un juego de palabras más adecuado que nunca a la extrañeza de la situación.

—Si esa persona no siente la interconexión con los demás, entonces ni siquiera se molesta en contaminar. Lo hace como un simple peón que actúa sin saberlo. Hace las mismas cosas todos los días sin siquiera preguntarse por qué las está haciendo.

—Personalmente me consuela la idea de que hay un Dios que cuida de mí..., de nosotros. ¿Me equivoco? —dije.

—Dios no se preocupa por ti porque Dios está dentro de ti. Si tú eres el primero en no cuidar de ti mismo, él no es fuerte dentro de ti. Él te creó, pero tú lo creas a él.

—Me parece un concepto de Dios totalmente diferente del descrito y enseñado por Juan —señalé.

—Dios está vivo. Es un concepto en evolución. Tiene la forma que eliges darle con tu alma y tus acciones. Dios participa en la creación de tu futuro. Si no puedes percibirlo, es porque no quieres abrirte a tu esencia divina individual. A tu capacidad de crear.

—¿Y qué ocurriría si los humanos se pusiesen de acuerdo y decidiesen no contaminar? —aventuré.

—Por el momento sois muy pocos, desafortunadamente, y si solo un grupo se pusiera de acuerdo, no constituiría una masa crítica. No todos tienen la oportunidad de comenzar ese camino. El camino del crecimiento se ofrece gradualmente y solo a aquellos que lo desean en lo más hondo del alma. Los cambios no pueden imponerse y la única forma en que pueden suceder es que nazcan cada vez más personas de este tipo. Solo entonces el momento será el idóneo y se crearán las condiciones necesarias para que esta forma de pensar se generalice.

»En este sentido, nada ha cambiado si lo comparamos con lo que ocurría hace dos mil años, es decir, los problemas han cambiado, pero no las masas. Ahora, como entonces, es necesario difundir la palabra de Dios, y si queremos que el plan divino se cumpla, debe ser compartido por las personas, no se les puede imponer.

»Hay necesidad de individuos capaces de sentir la divinidad dentro de sí mismos; quienes tienen la mente abierta necesitan recordar de dónde vienen y lo que aprendieron antes de nacer. Si no hay conexión con la otra dimensión, la de nuestro Ser Superior, entonces en la Tierra no podemos desempeñar un papel para el cambio. En el momento adecuado, el conocimiento divino se pone a disposición de todos y se establece la conexión que une al hombre con Dios. Entonces todo se vuelve claro y posible.

—¿Eso significa que no tiene sentido movilizarse para cambiar las cosas?

—Es muy útil. Las personas que ya han tomado medidas para cambiar las cosas a nivel mundial están generando algún tipo de impronta. Serán un ejemplo, pero todo debe suceder gradualmente porque los tiempos de evolución son largos. Es necesario que el hombre aprenda su naturaleza divina espontáneamente, para así no sufrir demasiados efectos secundarios. La iluminación repentina podría llevar al ser humano a la locura.

—¿También era así en tu época? —Quería hacer regresar a Jack a hace dos mil años y continuar con la regresión.

—Intento ser muy discreto al transmitir información divina. Mis discípulos y yo nos abrimos solo a aquellos que están listos. A los demás les explicamos las cosas de manera más sencilla, como lo hacemos con los niños para que puedan crecer y aprender. Mi camino dedicado a difundir la semilla del cambio comenzó cuando Juan me sumergió en el lago y me llevará a un conocimiento completo de quién soy realmente.

—¿Cómo es la vida diaria de Yoshua? ¿Puedes contarme cómo es un día normal en tu vida? —Encontré la posibilidad de conocer la vida privada de Jesús muy interesante, aunque mi parte racional siguiera recordándome que probablemente solo eran fantasías.

—Me levanto al amanecer. Duermo donde encuentro refugio. Soy itinerante, nómada. Tengo alrededor de veintidós años en el momento que estoy viendo ahora. Me levanto temprano porque me gusta ver salir el sol. Me regenera y es como si cada mañana cambiara todas mis células. Como una lámpara que se enciende y comienza el día con él. Me gusta observarlo en soledad, mejor desde una colina o una zona elevada. Después me alcanzan los que me siguen y viajan conmigo. Son personas que han decidido acompañarme y abrazar mi estilo de vida. Quieren experimentar. Algunos proceden del grupo de Juan. Suelen hacer pocas preguntas, me observan y simplemente miran lo que hago tratando de entender el significado de todo esto.

»Mi momento de soledad matutina es particularmente importante porque me permite recargarme y luego tener algo que ofrecer a los demás durante el día. Estar con otros tiene sentido si aportas algo, no si solo lo recibes. Muchos se reúnen con amigos u otras personas para sentirse bien porque no conocen el bienestar en soledad, por lo que lo hacen solo para recibir, pero no es un trueque. Únicamente puedes estar con los demás si puedes estar solo contigo mismo; de lo contrario, los demás son solo un pasatiempo y no hay relación, no se da crecimiento alguno.

—¿Puedes describirme alguna de ellas?

—Hay muchas mujeres y algunos hombres: Jacobo, Juan, que tiene quince años…

—¿El mismo que sumerge a las personas en el agua?

—No. Es otro, más joven. Luego está Mary,* que tiene dieciséis años, pero ya es una mujer, y sus hermanos, Andrés, que tiene veinticuatro años, y Pedro, de veintidós. Tomás también está allí. Nos reunimos para comentar lo que ha sucedido durante el día. A menudo nos detenemos en algunos pueblos e intentamos entender cómo aliviar el sufrimiento de las personas que conocemos en nuestro camino. Nos ven tan contentos con tan poco que se preguntan cómo es posible. Tratamos de explicarles cómo lo hacemos, aunque no queramos que hagan exactamente lo mismo que nosotros.

»Siempre predico a todos: «No quiero que hagas lo que yo hago. Pero si me preguntas cómo puedo estar tan sereno, tranquilo y radiante todas las mañanas, te respondo: "Sígueme y lo verás"». Es inútil explicar y hablar, es mucho más fácil observar cómo se hace. A menudo las personas no necesitan palabras para activar sus habilidades porque están interconectadas entre sí y se comunican con Dios. Es una forma de telepatía que todos poseemos, del mismo modo en que las aves tienen la capacidad de coordinarse y encontrarse en vuelo incluso a una gran distancia.

Lo que estaba describiendo me hizo pensar inmediatamente en el concepto de empatía y sus fundamentos neurocientíficos. La empatía parece residir en el área F5 de la corteza prefrontal y en el lóbulo parietal, en las llamadas «neuronas espejo», que parecen desempeñar un

---

* María de Magdala.

papel fundamental en el aprendizaje como mediadoras para comprender el comportamiento de los demás. En resumen, justo lo que el joven Yoshua estaba describiendo en un contexto de hace dos mil años. Esta clase de neuronas se ha identificado en primates, algunas aves y humanos.

—¿Qué papel juegan los animales en el plan divino? —pregunté, para seguir con el tema.

—Estoy aquí para recordarnos todos los días que debemos aprender a desarrollar el amor incondicional que sienten ellos. Estoy aquí para explicar que no hay que darle importancia al tiempo, sino al hecho de vivir en el presente. En cualquier momento ellos sienten alegría sin preguntarse si volverán a sentirla en el futuro o si ya la han experimentado en el pasado. La exteriorizan en un solo momento y, después de hacerlo, no evalúan lo que obtienen a cambio. No ponen al ser humano en una balanza para darle tanto como reciben. Solo dan.

»Los animales pueden permitirse el lujo de comportarse de cierta manera porque están aquí para alentar a los seres humanos a hacer cosas. Su naturaleza no es más o menos divina que la nuestra, simplemente tienen otra tarea. No tienen la capacidad o la responsabilidad de cambiar el equilibrio energético de la Tierra porque están constituidos de la misma forma de energía que la Tierra y se hallan en completa armonía con ella. Están alineados con la energía divina y planetaria pero no pueden iniciar un proceso de cambio. Un animal está directamente conectado con Dios, por eso es pacífico y no vive con el miedo constante a morir. El hombre sí.

»Cuando el ser humano pierda el miedo a la muerte, dará un gran paso, pero por ahora simplemente será el motor de la energía motivadora del cambio, cuyas dimensiones varían según la voluntad de Dios. Pero el hombre no está obligado a cambiar, puede elegir hacerlo y, por lo tanto, el desafío para él consiste en no ser un autómata y buscar el camino correcto. Se dará cuenta de que lo ha encontrado solo cuando se sienta en perfecto equilibrio consigo mismo y con los demás. Cuando la mayoría de los seres humanos alcancen este equilibrio, nacerá una nueva generación de individuos, conscientes de estar interconectados con todos los demás y de ser parte de un solo gran organismo divino.

—¿Dónde están tus padres ahora?

—Viven en Nazaret, donde yo también vivía antes. Por otro lado, yo me muevo constantemente. Tengo noticias de ellos y sé cómo están gracias al boca a boca. A menudo me encuentro con personas que los han visto, como algunos comerciantes que los han conocido y me hablan de ellos.

—¿No los echas de menos?

—No es por eso por lo que vine. Han hecho su trabajo. Es hora de que comience el mío.

—¿Tienes pareja, alguien especial?

—Todos somos especiales. La forma de condicionamiento vinculado a la individualidad que te quiere a toda costa unido a una persona en lugar de a otra es el resultado únicamente de los celos. Si todos entendiéramos que somos un solo ser...

—En este momento tienes veintidós años. ¿No sigues tus impulsos sexuales? —me atreví a preguntar. No oculto el hecho de que esa simple cuestión, que generalmente no me cuesta ningún problema preguntar a las personas que vienen a una sesión, me provocó una especie de inexplicable sensación de vergüenza o de temor reverencial, como si de alguna manera mi inconsciente considerara real la posibilidad de que estuviera frente a un personaje de ese calibre.

—Vivimos en una sociedad patriarcal y los individuos se dividen entre hombres y mujeres. Sin embargo, mi trabajo no es ser hombre, sino darles a las mujeres y a los hombres la oportunidad de comprender que el sexo biológico no importa, lo importante es el amor que sientes hacia la otra persona. Ya sea con un hombre o con una mujer, si el sexo se hace con amor, constituye una forma de energía liberada a través del cuerpo que nos une a nuestra esencia divina y que incluso puede utilizarse para procrear. A través del sexo logramos desarrollar una conexión que nos acerca a nuestra parte espiritual. Aunque el propósito primordial de esta energía es la supervivencia de la especie, también se puede utilizar para otros fines.

»En mi época, incluso más que hoy, el sexo biológico de una persona no importaba mucho. Para los romanos esto era una paradoja intrínseca: la homosexualidad era atacada y condenada a pesar de que muchos de los que tenían el poder eran homosexuales. La razón es que las personas querían liberar esta forma de energía para fines que no estaban relacionados con la reproducción sino con el autoconocimiento y la conexión con la esfera divina, ya que esto los haría más libres y menos controlables.

—¿Entonces tienes como Yoshua una vida sexual activa?

—Sí. Aunque no sea la parte principal de mi existencia. Sin embargo, es una esfera presente que me da la oportunidad de liberar mi energía. Hago el amor con algunas personas que pueden entender la verdadera razón por la que lo haces. A menudo, el individuo experimenta la sexualidad como una lógica de dominación, y esto dificulta el flujo de energía. Algunos de mi grupo no aprueban esta forma particular de amistad que tengo con ciertas personas en lugar de con otras. Piensan que se trata de preferencias y lo ven vinculado a la sucesión y al paso del poder. El poder nunca me ha interesado. Solo quiero vivir.

Mientras hablábamos de sexo, sucedió algo que me puso la piel de gallina. El cielo, visible desde la gran ventana de la habitación del hotel, comenzó a cubrirse de nubes y a teñirse de un extraño color amarillo intenso que nunca había visto antes. De repente comenzó a llover y en unos instantes se desató una tormenta realmente perfecta. A pocos metros por debajo de nosotros, el lago se agitó lo suficiente como para parecerse a un océano, con olas muy altas que rompían con fuerza contra los cristales de las ventanas. Tanto fue así que me vi obligado a contar rápidamente hasta diez y finalizar la sesión de aquel día.

Soy consciente de que en ese momento fui invadido por un miedo real. Un miedo atávico relacionado con el instinto de supervivencia se mezcló con la sensación de que una fuerza sobrenatural había decidido impedir que continuara. Hoy, contando esta anécdota, me río de ella y esa extraña coincidencia me hace pensar en otra igualmente particular: sin querer y sin saberlo, comencé a escribir este libro el día de Pascua.

Durante la sesión de aquel día, Jack había tratado temas muy importantes y había proporcionado una perspectiva de las cosas que estaba muy cerca de lo que yo mismo había obtenido como resultado de muchas regresiones en cientos de personas. Habló del hecho de que cuando nos encarnamos en la Tierra solo estamos interpretando un papel y que nuestra verdadera esencia es algo inmaterial. Es una visión de la vida que comparto de alguna manera y que ve a nuestra alma en el papel del actor, mientras que el ser humano es el personaje que interpreta. En mi interpretación, al final de la obra, el actor regresa a casa en su dimensión espiritual, satisfecho y feliz con su actuación, a pesar de haber tenido que sufrir o morir violentamente en el escenario. De la misma manera, el alma, en el momento de la muerte, una vez que termina la existencia terrenal, regresa a casa y se deshace de cualquier tipo de sufrimiento.

Como Yoshua, el hombre también había reiterado la importancia de la soledad y del recogimiento en uno mismo como herramientas para acceder a la esencia divina que se encuentra en el interior de cada uno de nosotros. Nuevamente, es una estrategia con la que estoy totalmente de acuerdo. Los años de experiencia me han confirmado que la meditación y el aislamiento constituyen un medio extraordinario para lograr el bienestar psicofísico. Siempre he tratado de mantener una visión científica y empírica de las cosas que probablemente se deriva del predominio de la parte racional de mi cerebro. La ciencia en este caso proporciona respuestas ambiguas: por un lado, innumerables estudios realizados sobre la meditación demuestran su efectividad en el bienestar y el estado de ánimo de las personas; por otro lado, varios estudios han asociado la soledad a un deterioro más rápido del estado general de salud, ya que parece modificar las conexiones y la representación de las relaciones en el cerebro. Un artículo recientemente publicado (T. Canli, «How Loneliness Can Make You Sick» [Cómo la soledad puede hacerte enfermar], A.P.A. *Psychological Science Agenda*, septiembre de 2017) ha examinado los resultados de cientos de estudios sobre el tema, que muestran que la soledad puede estar asociada a la depresión y al deterioro cognitivo suponiendo que pueda estar relacionado con una disfunción en los circuitos de recompensa del cerebro. A través de un estudio de la corteza prefrontal medial (mPFC, siglas de *medial prefrontal córtex*), una región del cerebro que, entre otras cosas, es responsable de clasificar las relaciones sociales del individuo, de una manera más o menos marcada, dependiendo de la intensidad de la relación, los investigadores analizaron la actividad cerebral de los sujetos cuando fueron inducidos a que pensaran en sí mismos, sus amigos más cercanos, conocidos y celebridades. En sujetos que se habían declarado no particularmente propensos a la soledad, los científicos observaron que diferentes pensamientos correspondían a diferentes procedimientos de activación en la mPFC: uno para uno mismo, uno para las celebridades y otro para la red social, que incluía tanto amigos como conocidos. Cuanto más íntima era la relación con la persona evocada, más actividad cerebral se volvía similar a la observada cuando uno pensaba en sí mismo. En sujetos no solitarios, la representación cerebral de sí mismos y de las personas más íntimas era del mismo tipo. Personalmente, opino que esto depende mucho de la percepción de la soledad, subjetiva y diferente de un individuo a otro. En la práctica de la meditación, a menudo uno solo está aparentemente solo porque en realidad se produce un diálogo interno con el inconsciente, la parte más profunda del ser. Por el contrario, con frecuencia uno puede sentirse solo incluso si se encuentra en medio de muchas personas con las que no comparte sensaciones o estados de ánimo. Al mismo tiempo, también es posible que los sujetos no particularmente acostumbrados a la soledad tengan una especie de *continuum* en la representación cerebral porque nunca han experimentado un sentido de autonomía y muy a menudo dependen de las acciones y opiniones de los demás. Creo que, como siempre, la verdad está en un punto medio y que solo un equilibrio correcto entre el tiempo pasado en compañía y el dedicado a la soledad puede producir un estado de verdadero bienestar psicofísico en cualquier individuo. La experiencia de Yoshua lo confirmaba por completo, y su existencia alternaba momentos de intensa soledad, como los siete días que pasó dentro de la pirámide, con una vida cotidiana en común con los demás.

Mientras lo escuchaba describir las propiedades taumatúrgicas del agua, también pensé en una agradable velada en compañía de algunas personas que se alojaban en el hotel. Durante la cena habíamos acabado hablando sobre el agua como elemento químico y uno de los comensales me había sorprendido al enumerar sus propiedades físicas. Consideraba que era realmente única, ya que no solo era una fuente de vida y constituía alrededor del sesenta o sesenta y cinco por ciento de nuestro peso corporal, sino que era el único elemento que expandía su volumen durante la congelación. De hecho, el agua se comporta de manera diferente a otros líquidos, diferenciándose en unas setenta propiedades, desde el aumento de volumen cuando se congela hasta la respuesta a los cambios de presión. Me pareció divertido que, aunque el hielo aumente de volumen, el agua puede permanecer en estado líquido incluso por debajo de cero debido al fenómeno de sobrefusión (hasta por debajo de -40° C). Creo que deberíamos respetarla más y cuidarla mejor cambiando nuestra actitud y limitando la contaminación, como también había mencionado Yoshua.

De vuelta en mi habitación, que estaba en un piso superior y, por lo tanto, protegida del «lagomoto», mientras me duchaba y me preparaba para salir a cenar con el dueño del hotel, que conozco y que me había invitado, pensé que tal vez había exagerado las preguntas sobre sexo. Pero ese día las anécdotas no terminaron con la tempestividad de la tempestad, por usar un juego de palabras.

Dado el mal tiempo, decidimos recorrer en automóvil la corta distancia que separaba el hotel del restaurante. Y de repente, no pude evitar fijarme en una gran pintada en la pared de un edificio enorme. Es difícil describir lo que sentí cuando vi lo que decía: «Jesús está vivo».

No matarás

Pasaron meses antes de que pudiera hallar la fuerza y el estado de ánimo adecuados para encontrarme nuevamente con Jack. Él no había insistido. Parecía que, a su parecer, el tiempo no era una variable importante y se había adaptado fácilmente a los descansos que le pedí. Ese no es un comportamiento compartido por la mayoría de las personas, que, en cambio, insisten mucho en que les programe una cita en breve y no reaccionan positivamente al hecho de que por lo general es necesario esperar incluso mucho tiempo. No se trata tanto de una decisión mía como más bien de una necesidad. Las regresiones a vidas pasadas son un ejercicio que requiere mucho esfuerzo para el profesional porque, para garantizar buenos resultados, durante una sesión debe estar presente y prestar atención constante segundo a segundo. Conducir a alguien a hipnosis no es un juego, sino una técnica compleja que requiere mucho compromiso y profesionalidad. En lo que a mí respecta, prefiero hacer un buen trabajo en lugar de obtener mayores beneficios económicos. El dinero nunca ha sido una prioridad para mí y su importancia nunca ha prevalecido sobre el bienestar de las personas y el placer que me proporciona poder ayudarlas. Por esta razón, en los últimos años he instruido a muchos, enseñándoles a aplicar las técnicas que uso con más frecuencia, para darles la oportunidad a aquellos que lo desean de tener una sesión de regresión en tiempos relativamente breves.

Para Jack, esperar no había significado problema alguno. Y eso me permitió retrasar más nuestra siguiente sesión. Sin embargo, la parte más instintiva y curiosa de mi cerebro se moría por descubrir la verdad. ¿Quién era Eptor, el joven aprendiz nunca mencionado en las Escrituras? ¿Cómo terminaría la vida de Jesús? Aunque tratara de ir más allá, aquellas preguntas no habían dejado de volver día tras día y me tenían atrapado.

¿Quién era aquel hombre? ¿Podría ser realmente la reencarnación de Cristo? Pero para mi escéptico cerebro era demasiado difícil de creer, porque con miles de regresiones a mis espaldas, solo dos veces me había encontrado con celebridades y, obviamente, nunca de este calibre. Utilizando un enfoque más empírico y científico, la explicación más probable habría sido que el hombre se lo estaba inventando todo. Esto también era una posibilidad, pero Jack no parecía un bromista ni una persona que mostrara síntomas relacionados con algún problema psicológico. Excepto, por supuesto, por el hecho de que estaba reviviendo la existencia del Mesías. Sin embargo, siempre era el primero en maravillarse con el contenido de sus regresiones, como si él mismo dudara de su fiabilidad. No obstante, su relato tenía un sentido lógico y, sobre todo, sus reacciones corporales y emocionales durante las sesiones no eran propias de alguien que estuviera fingiendo. Si Jack estaba contando mentiras, sin duda era el primero en creérselas.

—Estoy en el templo —comenzó—. Tengo siete años. Estoy presenciando por primera vez el sacrificio de un cordero. Lo que veo me enferma. Sufro por ese animal inocente. No entiendo por qué Dios podría querer esto. Mi padre dice que es normal, pero sé que no es justo. Dios no quiere que eso suceda.

¿Hay mucha gente? —le pregunté.

—Sí. Hay sacerdotes y hay un grupo de personas que han llegado aquí para sacrificar corderos y otros animales. Es el día de Pascua, todos están reunidos aquí para *comerse* a su Dios. Los animales son sacrificados porque en esta cultura se cree que Dios les estará agradecido por ello. Pero su Dios no es el mío. No puedo matar al pobre cordero, otra persona lo hará por mí. Yo solo la acompaño. No ha hecho nada para merecer ese fin. Ahora estoy aún peor y veo sangre por todas partes. No me gusta cuando las personas matan. Es una carnicería, un holocausto. Me han traído aquí contra mi voluntad junto con otros niños, a pesar de que la mayoría de los presentes son adultos. Quieren enseñarme a comer a Dios y explicarme lo que hay que hacer para que se muestre agradecido con nosotros. Pero no estoy de acuerdo porque mi Dios no quiere esto, no pide matar a cambio de su amor. Mi Dios no quiere la muerte de ningún ser vivo y no la recompensa como si fuera un trueque.

Mientras pronunciaba esas palabras, el tono solemne había desaparecido y su voz se había convertido lentamente en la voz quejumbrosa y asustada de un niño de siete años. Me fijé en que sus parámetros físicos también habían cambiado. A veces utilizo instrumentos de medición para verificar el estado del cuerpo durante una sesión de regresión. Uno de ellos es un aparato EEG, que realiza electroencefalogramas, que me permite medir la actividad cerebral del sujeto y conocer el nivel de profundidad del estado hipnótico en todo momento. Las ondas alfa generalmente prevalecen cuando el cerebro está en un estado relajado, pero permanece atento y alerta al mismo tiempo. Las ondas *theta* son las ondas características de un estado hipnótico profundo. Ese día había decidido usar también con Jack, siempre con su permiso, un aparato para medir la presión sanguínea. Su ritmo cardíaco durante la sesión había bajado unos diez puntos. Era una reacción absolutamente normal debido al estado de relajación. Por otro lado, su presión, aunque se mantenía en valores normales, había aumentado ligeramente. Por lo general, existe una correlación precisa (o incluso directamente proporcional) entre los cambios en la presión arterial y la frecuencia cardíaca en la misma persona en condiciones normales de salud. Sin embargo, el hecho de que esto no sucediera tenía una explicación, ya que demostraba la profundidad del estado de trance que el hombre había logrado alcanzar. Durante la hipnosis es solo el cuerpo el que «se duerme» y aunque las personas pueden parecer dormidas a ojos de un observador externo, en realidad se encuentran en un estado de hiperconciencia, en el que el cerebro está relajado, pero al mismo tiempo extremadamente activo. Las reacciones físicas del hombre eran realmente fascinantes y describían a la perfección lo que estaba sucediendo dentro de su cuerpo. Los latidos del corazón habían disminuido porque no había peligro físico y real en la habitación donde estábamos, pero la presión arterial no lo había hecho porque el cerebro de Jack estaba procesando el gran estado de ansiedad causado por la carnicería que estaba teniendo lugar en el templo.

—¿Te acompañan tus padres? —pregunté.

—Está mi verdadero padre, el que me concibió, José de Arimatea. Él es parte del Sanedrín, enseña la cultura judía y quiere que conozca estas costumbres. Pero yo sigo otro credo, porque mi Dios no pide esto y no quiere sacrificios de este tipo.

Como laico, al escucharlo hablar, en ese momento ignoré la extrañeza de su declaración. Fue solo más tarde, y a través de algunas investigaciones, cuando descubrí que en ninguna parte había referencia alguna al hecho de que José de Arimatea podría haber sido el padre de Jesús de Nazaret. Su papel en las Escrituras Sagradas era completamente diferente. Desafortunadamente, no pude profundizar sobre el tema durante la regresión.

—¿Qué es lo que pide tu Dios? —le pregunté.

—Quiere amor incondicional, alegría, felicidad, compartir, hermandad. No quiere regalos, sino ejemplos de comportamiento. Él desea que los hombres nos sintamos agradecidos por todo lo que se nos ha dado.

—¿A qué ejemplos de comportamiento te refieres? ¿Cómo podemos expresar nuestra gratitud?

—Apreciando toda la creación. Relacionándonos con amor con todos los demás seres vivos y con la naturaleza. Respetando a esta última y utilizándola solo en momentos de necesidad, sin despreciarla ni abusar de ella. No sintiéndonos como amos del mundo, sino como parte de él. Nos quiere en armonía con el mundo y no requiere ningún tipo de ofrenda o altar, ni invocación ni estatua, ni efigie ni templo, ni iglesia ni museo. No quiere ser adorado porque no se considera a sí mismo por encima de nosotros, sino a nuestro lado.

»Quiere tomarnos de la mano y caminar con nosotros, alegrarse por todo lo que hacemos y participar de nuestra felicidad y de nuestra alegría. Precisamente como un padre. Pero el hombre no ha entendido nada y continúa razonando jerárquicamente y basándose en el poder. El hombre pone a Dios en las alturas porque está acostumbrado a hacer que otros hombres sean esclavos para sentirse poderosos y cercanos a Dios, pero Dios está entre los pobres y los necesitados, los frágiles y los marginados.

»Él está entre aquellos que no ven la santidad en él, sino a un hermano o amigo, a un padre, a una madre, a una hermana. Sienten no solo reverencia hacia él, sino también espontaneidad y amistad. Comparten sonrisas, felicidad y sufrimiento con él. Le piden consejo y no piedad. Le piden ayuda para recorrer su camino en esta vida. No piden cosas o posesiones. No piden amor, sino que lo ofrecen.

—Entonces, ¿es correcto o incorrecto alimentarse de un animal? —le pregunté.

—Todo se concede en el momento de necesidad real. Cuando te mueres de hambre, Dios te ofrece la oportunidad de alimentarte de lo que encuentras. Si no es suficiente, como en el caso del maná que vino del cielo, el hombre puede matar a un animal para su propia supervivencia. Pero uno no puede matar por ociosidad o placer, por capricho o para satisfacer un falso sentimiento de omnipotencia. Solo puede matar por necesidad.

»De lo contrario, simplemente crea sufrimiento innecesario. Cada ser vivo es un individuo y solo se entrega a ti si comprende que su sacrificio es necesario para tu bien. También lo hicieron muchos seres humanos, sacrificándose por un ideal. Y también muchos animales que, aunque tuvieron la oportunidad de escapar, entendieron el estado de necesidad de quienes estaban frente a ellos y decidieron ofrecerse. He visto animales sacrificarse por los humanos cuando perciben la necesidad, el sufrimiento y el hambre del hombre. Pero rara vez he visto a hombres sacrificarse por otros seres humanos o por un animal, al verlos en dificultades. No hay reciprocidad.

»Debemos aprender a corresponder todo lo que se nos ofrece, pero no a través de ofrendas a Dios o sacrificios innecesarios. Debemos restituir aquello que hemos tomado a los que lo necesitan, ya sean seres humanos, animales, plantas u otros organismos. Hasta que aprendamos a percibir el sufrimiento de una planta que se está secando por falta de agua, no estaremos en conexión con Dios. Si no podemos entender el lenguaje de un vegetal, eso no significa que este último no sufra. Podemos alimentarnos de otros seres vivos, pero solo si los necesitamos y no por un capricho.

Al escuchar sus palabras, inmediatamente pensé en los experimentos realizados en la década de 1960 por Cleve Backster, un exespecialista en interrogatorios de la CIA, que llegó a la conclusión de que incluso las plantas pueden tener sentimientos. Lo hizo con una herramienta poligráfica unida a las hojas de una planta; observó que cuando la planta era dañada o incluso amenazada, se registraba un cambio en la resistencia eléctrica. Personalmente no tengo dudas de que las plantas son seres vivos en todos los aspectos, aunque diferentes a nosotros.

Absorben dióxido de carbono, el producto de desecho de nuestro sistema respiratorio, y emiten oxígeno. Exactamente lo contrario de lo que hacemos. Somos cuerpos complementarios. Sin ellos no podríamos sobrevivir, y viceversa. Se han realizado experimentos de este tipo desde principios del siglo pasado, como los del físico y botánico indio *Sir* Jagadish Chandra Bose, quien midió la respuesta de las plantas a varios estímulos y asumió que podían experimentar dolor o comprender los sentimientos.

—¿Es este el significado del ritual de acción de gracias por la comida que está presente en prácticamente todas las religiones y también en la filosofía budista? —le pregunté.

—Es correcto agradecer lo que se nos ofrece, pero no solo agradecérselo a Dios. También debemos agradecérselo al animal, al vegetal, al objeto que se te otorga. Solo si hacemos un gesto de humildad frente a aquellos que estamos acostumbrados a considerar solo como carne para el sacrificio, podemos estar en armonía con la creación.

—¿Podrías resumir el episodio del maná que cayó del cielo que has mencionado? —No estoy muy familiarizado con las Escrituras y me había intrigado.

—Se dice en la Biblia que, durante los cuarenta años que vagaron por el desierto, Moisés y el pueblo judío se encontraron sin comida y muy hambrientos. No había rastro de nada en el desierto que pudiera salvarlos. Entre ellos había incrédulos que, como siempre en momentos de necesidad, se enfadaron con Moisés y le dijeron: «Tu

Dios nos ha liberado de Egipto y nos ha traído al desierto. Dices que nos ha hecho libres, pero en Egipto teníamos algo de comer, mientras que aquí sufrimos hambre y sed. Tu Dios nos ha liberado y luego nos deja morir; ¿qué hemos hecho mal al decidir seguirte?». Entonces un fuerte viento llevó el maná hacia el desierto. No cayó del cielo como se dijo, no fue lluvia sino viento, y el maná se materializó como si viniera de otra dimensión. Este episodio pertenece a la tradición de la cultura judía, recuerdo haberlo estudiado en el templo.

—Ahora contaré hasta tres y al decir «tres» me gustaría que fueras a otro momento en la vida de Yoshua. —Y conté lentamente.

—Estoy en el huerto de Getsemaní, entre los olivos. Acabo de regresar del área más alta donde generalmente voy a recogerme. Los apóstoles dormían, pero se han despertado en el momento en que han oído un ruido que se acercaba. Vienen a buscarme.

—¿De quién estamos hablando?

—De los soldados romanos. Son casi una legión entera. Vienen tantos porque piensan que tengo un ejército que me defenderá. No saben que vengo en paz y creen que soy el Mesías listo para emprender una guerra. Con ellos llega Judas, que se acerca a mí. Tiene que decirles quién soy. Nunca me dio un beso, como se transmitió, simplemente les indicó quién era yo. Tenían miedo de confundirme con mi hermano Tomás, dada la gran similitud entre nosotros. Le digo a Judas: «Hágase la voluntad del

Padre». Él ha hecho solo lo que le pedí que hiciera, y nadie le ha pagado nada por hacerlo. Lo elegí porque era el único que aceptaría cumplir la voluntad del Padre sin oponerse. Ha hecho mucho más por mí que los demás porque ningún amigo se habría prestado a hacerlo. Sufrió mucho por esta elección porque nunca quiso hacerla. Pero fue la elección del Padre y ningún hombre puede oponerse a su voluntad. Primero se quiso echar la culpa de mi captura a los sacerdotes judíos, luego se buscó a la oveja negra en Judas. Entre los apóstoles tenía que haber un traidor, por lo que fue elegido quien en realidad solo cumplió la voluntad del Padre. Fue el único que siguió mis instrucciones.

—Entonces, ¿Judas no gozaba de un estatus privilegiado como colaborador de los romanos y confabulador?

—No. Su estatus social venía de su familia. Era una persona educada y uno de los pocos apóstoles que pertenecían a una clase social alta. Solo la Magdalena estaba a su nivel, los otros eran pescadores o campesinos. Tenía amistades influyentes, conocimiento y relaciones sociales ya que provenía de una familia rica. Tenía nociones de economía y profesaba una cierta forma de filantropía hacia los pobres. A menudo no aceptaba la idea de que estuviera desperdiciando algo porque quería dárselo a los pobres.

—¿Puedes describirme a los soldados?

—El que me captura es muy robusto. Casi parece una montaña porque es muy alto. Lleva una armadura con tachuelas doradas que brillan. La parte superior del metal refleja la luz y les da un brillo particular. Debajo, lleva una túnica normal, áspera, de un color entre marrón y rojo oscuro. Lleva casco y una espada. Es tan robusto por fuera como frágil por dentro. Profesa una amabilidad que lo hace parecer un gigante bueno que tiene que desempeñar un papel.

»Los soldados son a menudo los ejecutores materiales de la voluntad de otra persona, pero en el fondo son personas como nosotros, con una familia. No lo culpo porque viene a hacer lo que el Padre quería. Se da cuenta de que no es lo correcto, pero no puede hacer lo contrario. Y lo ayudo a hacerlo y voy a su encuentro. No espero a que venga a mí. Trato de asumir la responsabilidad de lo que otros que me rodean nunca quisieron asumir.

—¿Qué está pasando exactamente?

—Pedro ha agarrado una espada y se ha lanzado contra otro soldado. De un salto me interpongo entre ellos y les pido que se detengan de inmediato. No quiero que maten a nadie. Solo están haciendo lo que mi Padre quiere que se haga y nadie tiene que morir por su voluntad. Pedro aún no ha entendido nada, sin embargo, aunque me haya estado siguiendo durante años. Él no entiende el significado de mi verbo y todavía se comporta como un ser primitivo, lleno de ira y odio. Para él, quien a hierro mata a hierro muere. Por lo tanto, el que mata debe ser ajusticiado.

»Para las personas como él es difícil entender y asimilar conceptos correctamente y él siempre ha fingido entender. Desea ser un hijo de Dios solo para poder vivir de mi luz reflejada. No puede comportarse como yo y no sigue mi ejemplo porque no es capaz de hacerlo. En cambio, quiero que otros sigan mi ejemplo porque no quiero ser más importante que ellos. Las mujeres pueden entenderlo, pero él no. Para él es suficiente con ser el favorito, quiere estar cerca de mí solo para vivir detrás de mí y quiere sentirse el único que pueda relacionarse conmigo.

»Esta no es mi voluntad: no deseo ser recordado como el que hizo milagros, pero quiero enseñarles a todos a hacerlos. Pedro quería una secta, quería sentirse como un portavoz, el que recibiera mi palabra y luego la transmitiera a los demás de manera jerárquica. He tratado en vano de hacerle entender en qué está equivocado, mostrándole a los leprosos con su alma límpida que no quieren erigirse como maestros sentados en el estrado, que no quieren sentarse en la cátedra. «Los últimos serán los primeros», le repetía siempre para tratar de amortiguar su ego y su presunción. Nunca he deseado que mis discípulos se sintieran elegidos. Todas las personas en el momento del nacimiento son elegidas porque vienen a la Tierra para ser algo grandioso, a pesar de que muchas de ellas pierdan el rumbo durante su vida terrenal. Todos los seres humanos son hijos de Dios y del universo. Todos son parte de una sola energía y no son individuos. Son componentes de una vibración, de un fluir, de un río, de un grano de arena, del agua del mar, del aire del viento.

—La ciencia afirma que nada se crea y nada se destruye. Si, como dices, todos somos parte de la misma energía, ¿cómo nacemos? ¿No deberíamos existir ya? —objeté.

—Antes de nacer eres el todo. Eres la esencia. Eres parte del todo. No tienes ningún tipo de restricción. No tienes una envoltura. Puedes flotar donde quieras porque todo eres tú y tú eres todo. No te sientes separado del resto y eres completamente consciente de que eres una partícula tan pequeña que no puedes llenar un *quark*. No eres nada y lo eres todo porque eres parte del universo. Realizas tu función, pero al mismo tiempo lo percibes todo y estás satisfecho con todo. No necesitas existir independientemente porque ya lo eres todo.

»Cuando, por otro lado, te encarnas, eres reducido, forzado a una envoltura y te identificas con ella, perdiendo la percepción del todo. Te sientes frágil y ridículo. La palabra correcta es *limitado*. A menudo, en lugar de tratar de recordar lo que eras, haces que el ego crezca y se desarrolle cada vez más, como si eso pudiera ayudarte a mitigar la sensación de vacío que sientes. Así que haces que tu ego aumente inconmensurablemente, hasta el punto de que ya no te permites recordar lo que eras originalmente y cuál era tu propósito en esta vida. Te inflas como un globo lleno de helio, pero permaneces limitado.

»Si, por otro lado, puedes recordar tu verdadera esencia, gracias a la materia y al cuerpo físico puedes hacer florecer esa semilla cósmica que eras antes de encarnarte. Y esto te permite desencadenar un proceso de crecimiento no solo individualmente para ti, sino para todo el planeta. Es un flujo orgánico por el que cuanto más recuerdes lo que eras, más estarás en equilibrio contigo mismo y más serenamente desempeñarás tu función terrenal. Si, por otro lado, aumentas tu ego y lo inflas hasta que se convierta en un globo de aire caliente, entonces será inútil, porque seguirás una dirección completamente equivocada, no podrás completar tu camino y estarás destinado a volver a encarnarte mientras tengas tiempo.

—Pero si antes de llegar a la Tierra ya somos parte del todo y sentimos todas las sensaciones posibles, ¿qué necesidad hay de volver a reencarnarse? —insistí.

—Hay múltiples etapas evolutivas en el universo. Durante la anterior a la encarnación disfrutamos de la luz de otras almas altamente evolucionadas. Somos parte del todo y obtenemos un inmenso beneficio de él, como si hubiera reflejos de la luz de otros seres que ya han estado en la Tierra llevando a cabo su tarea al máximo. Nos reencarnamos varias veces para aprender personalmente nuestras lecciones individuales. Al hacer esto, nos recargamos de energía que luego contribuirá a aumentar la energía cósmica y paralela del mundo metafísico.

»Sentirse bien antes de la reencarnación no significa que ese bienestar sea mérito tuyo. No todos regresan a la Tierra, muchos permanecen en el estado anterior y esperan a la llegada de la energía proveniente de aquellos que encarnándose en lugar de inflar su ego han desarrollado su función divina. Como en un sistema de vasos comunicantes, la energía se mueve del estado físico al espiritual. Regresamos a un cuerpo por un mecanismo de gratitud hacia aquellos que previamente han realizado su tarea y para devolver esa energía positiva.

»No nos reencarnamos solo para nosotros, sino también para los demás y, a menudo, nuestra tarea consiste en la mera gratitud. El universo es un organismo que se alimenta de esta energía, pero la ciencia tardará siglos en comprenderlo. Cuando una estrella muere y se convierte en un agujero negro, en realidad no se destruye, sino que se transforma en una puerta temporal. Lo mismo le sucede a nuestra esencia en el momento de la muerte física, simplemente cambiamos de estado y de lugar. Es un sistema cíclico con muchos niveles, pero se tardará mucho tiempo en entenderlo; pensemos que el hombre tardó siglos solo en comprender que la Tierra gira alrededor del Sol.

—¿Entonces el universo es un gran organismo?

—Podría ser una explicación simplificada para permitir que un ser humano lo entienda.

Su declaración me hizo sonreír. Me sentí pequeño y por un momento tuve la sensación de que realmente estaba escuchando las palabras de un ser superior. No se trataba solo de los conceptos expresados y del personaje que paradójicamente tenía frente a mí, sino del progreso del discurso mismo. Sin querer, terminamos hablando sobre el significado de la vida y el funcionamiento del universo. Era obvio que me sentía infinitamente pequeño.

La parte racional de mi cerebro decretó que mi sensación era absolutamente comprensible, que se habría producido en presencia de cualquiera y que no tenía absolutamente nada que ver con el hecho de que considerase que era creíble, o no, encontrarme frente a Jesús.

Mientras tanto, Jack había comenzado a hablar de nuevo:

—Tiempo atrás, antes de mi nacimiento, otros habían tratado de difundir la palabra del Padre. Muchos vinieron a la Tierra antes que yo con la misma tarea, aunque sin lograr los mismos resultados. Uno de ellos fue Moisés, quien trató de explicar al pueblo judío que Dios no es visible y que, por lo tanto, está en las cosas pequeñas. Él lo representaba precisamente en un estado de invisibilidad. La primera representación de Dios en el Sinaí fue de este tipo porque, según Moisés, no era necesario identificar a Dios con rasgos que pudieran favorecer su idolatría, como la de un hombre o un animal. Incluso en la zarza ardiente, Dios estaba representado por el fuego, como lo hacían los indios americanos. Y pensar que incluso hoy Dios está representado como un anciano con barba...

»¡Hemos retrocedido, hemos pasado de un Dios de partículas, una fuente de energía cósmica, a un Dios representado como Santa Claus! —Esa frase hizo que el hombre estallara en una risa atronadora que por unos instantes no le permitió continuar—. Dios es tan pequeño que no se le ve. Así hizo el mayor gesto de humildad para permitirnos sentirlo parte de nosotros. Se ha convertido en una partícula para poder entrar en nuestras vísceras, en nuestra sangre, en la de los animales, en la savia de las plantas. Por eso mi Dios no quiere que se desperdicie sangre alguna. Pero eso es solo una manera de hablar, una metáfora para hacerte comprender que Dios nos envuelve como un aura y está en todas partes.

»Durante varios siglos el hombre se ha acercado mucho a la verdad. Instintivamente, muchas culturas, como los incas, los indios americanos o los antiguos egipcios, habían logrado comprender que Dios está en el sol o en el viento. Y por eso fueron exterminados, porque el hombre siente satisfacción por sentirse como Dios y quería enfrentarse a Dios, renovar el becerro de oro. El hombre quería un Dios a su imagen y semejanza para ser el único intermediario que pudiera hablar con él.

»Esas culturas antiguas fueron aniquiladas no solo por su riqueza y bienes, sino porque representaban un peligro cultural. Cuando los incas construyeron graneros capaces de satisfacer a toda la población, hubo una redistribución de la riqueza y esto minó el sistema de poder porque siempre había alguien que quería ser mejor que los demás. El ser humano solo puede sentirse cerca de Dios cuando deja de relativizarse, de compararse con los demás, y mira dentro de sí mismo.

Esa visión cósmica me hizo pensar que los puntos de vista de la religión y los de la ciencia pueden estar mucho más cerca de lo que pensamos. Quizá precisamente porque ambos se originan y son interpretados y analizados por la conciencia humana. La regresión de ese día me recordó sentimientos muy profundos que había experimentado durante unas vacaciones hace unos veranos. Al estar hipnotizado, en algunas regresiones tuve acceso a tres de mis existencias pasadas que tuvieron lugar en las Highlands escocesas, por lo que siempre trato de regresar a esas hermosas tierras en cuanto puedo, incluso durante períodos cortos. Su paisaje, que puede ser aburrido para muchos, es capaz de provocarme sensaciones increíbles. Una alternancia de *déjà vu*, estremecimientos y lágrimas que encuentro difícil de describir. Un día, aunque estaba lloviendo (lo cual es bastante común en Escocia), decidí seguir un camino de montaña de todos modos. Eran un total de ocho kilómetros, la mitad de los cuales discurrían cuesta arriba. Mi coche de alquiler era el único en el estacionamiento del pequeño salón de té que estaba ubicado justo debajo de la montaña. Miré el coloso de tierra y de roca frente a mí, cuya cima estaba oculta por grandes nubes grises, con una mezcla de amor y miedo. Me pregunté si era realmente apropiado aventurarse solo y bajo la lluvia por aquel camino inclinado. Siguiendo una frase popular escocesa que asegura que «no existe el mal tiempo, sino solo la mala equipación», me había puesto un impermeable que me cubría de pies a cabeza y unas buenas botas de montaña. Mi parte racional me presionaba para que me diera por vencido y volviera al calor de una taza de té, pero mi alma temblaba de impaciencia por volver a ser lo que había sido. Como de costumbre, no le presté atención al grillo parlante en mi cabeza y comencé a caminar cuesta arriba. El terreno era empinado y resbaladizo y me costaba mucho avanzar. Después de los primeros veinte minutos, me detuve para descansar y miré hacia abajo por primera vez: el pequeño edificio y mi coche, las únicas evidencias de presencia humana en muchos kilómetros a la redonda, estaban a punto de desaparecer de la vista. Dado el mal tiempo, ninguna otra persona había tomado ese camino de montaña y, además, no había cobertura de teléfono móvil. Antes de reanudar el viaje, después de haber descansado durante unos minutos y de haber absorbido por todos los poros los olores de la naturaleza que me rodeaba y el silencio interrumpido solo por la lluvia torrencial, pensé que había sido realmente inconsciente. Cuanto más subía, aquel viento que soplaba ligero en el estacionamiento más se convertía en ráfagas frías que mordían la piel. Continué caminando presa de una fuerza sobrenatural que quería que me perdiera en aquellas tierras, ajeno al peligro, como algunos siglos antes. Por el camino me encontré con un par de cabras montesas que me miraron amenazadoramente. Me senté en una roca y decidí esperar a que se fueran, aprovechando la oportunidad para descansar un poco más. Estaba a medio camino y el coche y el edificio estaban completamente fuera de mi vista. Desde allí arriba, todo lo que alcanzaba a ver no era más que la naturaleza. Estaba rodeado de montañas, arroyos y cabras. Se me ocurrió que, si me cayera o tuviera algún accidente, probablemente moriría allí solo, y eso me hizo sentir un repentino y breve ataque de pánico. Pero había algo dentro de mí que me tranquilizó, era como si pudiera escuchar las vibraciones de mi alma. No había ruidos o estímulos externos que pudieran interrumpir ese flujo de comunicación metafísica favorecida por la naturaleza. Me levanté y seguí. Me ardían las piernas por el esfuerzo y tenía la cara completamente mojada por la lluvia. Levanté la vista y puse un pie tras otro. Las flores de cardo con su intenso color lila me acompañaban y saludaban a ambos lados del camino. En ese momento me di cuenta de que quien caminaba ya ni siquiera era yo, sino el montañés que había sido. Y no temía ni a la lluvia ni al viento, ni al peligro ni a la soledad. Incrédulo, después de casi dos horas de caminar cuesta arriba, finalmente llegué a la cima de la montaña. A pesar del cielo gris, el paisaje era impresionante. Montañas y solo montañas hasta donde alcanzaba la vista. Estaba solo, era el único hombre allí arriba. Por unos momentos volví a sentirme dueño de todas aquellas tierras y del mundo entero que contemplaba desde las alturas. Entonces una ráfaga de viento fuerte me derribó literalmente. No había nada que pudiera amortiguarlo, no había ningún refugio. Estaba completamente a merced de la naturaleza misma y me di cuenta de que yo, un hombre, no era más que una hoja mecida por el viento. La sensación inicial de miedo e impotencia pronto se convirtió en la de un abrazo tranquilizador. Ya no estaba solo y separado del resto, sino que era parte de un todo con las fuerzas de la naturaleza que me rodeaban. Yo era una hoja.

Gracias al cansancio, la soledad y tal vez incluso la altitud, involuntariamente entré en un estado de meditación. Tumbado en el suelo bajo la lluvia y el fuerte viento, entendí que cada partícula del universo está unida a las demás y juntas forman un solo ser vivo. Tenía la sensación de que el viaje de nuestra conciencia consiste precisamente en pasar de una percepción a otra cambiando de forma pero sin perder nuestra esencia, consiste en comprender que todos los seres, vivos o no, pueden considerarse como un solo organismo o como aglomeraciones de seres más pequeños. Entre una percepción y otra, hay un número infinito de seres individuales que, comportándose como creen y tomando decisiones individuales, generan organismos nuevos y más complejos. Pensemos en las cajas chinas o en las *matrioshkas* rusas. Hay seres muy pequeños como los *quarks* y seres infinitos como el universo. El hombre es una especie de ser intermedio. La sociedad y la Tierra también son seres vivos más grandes, y esto conlleva problemas e implicaciones. Los grandes problemas deben considerarse como un todo y lo que individualmente puede parecernos incorrecto o negativo a veces no lo es para el ser social. Obviamente, esto no implica que debamos resignarnos al mal o al sufrimiento, porque nuestras acciones siguen siendo las de una partícula individual que puede unirse al ser mayor que compone o disociarse de él. Si decidimos ir en contra de la voluntad del organismo más grande, no es una decisión buena o mala en sí misma. Es simplemente nuestra elección. Como sucede en el cuerpo humano, las células en desacuerdo que van en contra de la vida de la persona son combatidas, y el sistema inmunitario trata de eliminarlas incluso si cada una de estas células en su individualidad lleve en su ADN la orden imperativa de sobrevivir y reproducirse. Si no fuera así, iría en contra de la naturaleza de las cosas y, por lo tanto, trataría de hacerlo siguiendo instrucciones distintas a las del organismo más grande. Si demasiadas células van en contra de la corriente, entonces el organismo muere.

Sentado bajo la lluvia, aquel día tuve una percepción clara, como para confirmar las palabras de Yoshua, de que Dios en su forma material quizá resida precisamente en las partículas más elementales. Pensamos en él como en algo grande, mientras que en realidad podría ser lo más pequeño que existe. Y eso le permitiría residir en todo.

Incluso la Tierra y el universo se me aparecían ahora como organismos vivos y en evolución. Nosotros, como individuos, podemos elegir ponernos del lado de su supervivencia o vivir egoístamente a costa de sacrificar el organismo más grande. Es una elección, el famoso libre albedrío que, sin embargo, está condicionado por todo lo que nos rodea. Saber cómo tomar la decisión correcta es relativamente simple, ya que disponemos de esa antena interior que es nuestra intuición. Debemos hacer lo que nos hace felices, siempre. Solo así estaremos en sintonía con Dios. El universo no es un ser estático, sino un organismo dinámico, abierto y en constante evolución. Y quizá la célula madre de la creación sea la más pequeña, aunque omnipresente.

El episodio del templo y de la captura de Jesús que había escuchado esa tarde tenía muchas similitudes con la historia de otra persona a la que había guiado en una regresión unos tres años antes. La coincidencia es realmente increíble porque, además, su verdadero nombre, que revelo aquí con su permiso, irónicamente, es Christina. Una mujer de poco más de treinta años, no demasiado alta y con una media melena rubia. Apareció en mi consulta con un vestido gris verdoso bastante formal. Trabajaba en una empresa importante y había venido directamente desde la oficina.

Me dijo que durante el verano de unos años atrás se había despertado repentinamente en medio de la noche completamente empapada en sudor mientras decía la misma oración tres veces en idioma arameo. Probablemente fue un falso despertar o un sueño lúcido, ya que me dijo que antes de repetir la frase se había levantado y se había sentado en la cama medio dormida.

No había encontrado nada particularmente extraño en el relato de Christina porque una de las formas de acceder a los recuerdos de vidas pasadas es soñando con ellas. No son sueños reales, ya que no ocurren en la fase REM, sino más bien en un estado de autohipnosis. Durante el estado de vigilia, con los ojos cerrados en los instantes que preceden inmediatamente al sueño o al despertar, nuestro cerebro produce ondas alfa, que sabemos que son características del estado hipnótico o meditativo. Muchas personas me preguntan cómo saber si en realidad son recuerdos de vidas anteriores o sueños. No hay certeza alguna, pero si el contexto es consistente, con datos históricos, vestimenta y eventos, lo considero absolutamente probable. Los sueños tienden a referirse a asuntos de la vida presente y, en cualquier caso, producidos exclusivamente por el inconsciente, rara vez mantienen un hilo lógico. Durante el estado hipnótico, lo consciente y lo inconsciente pueden trabajar juntos, ya que se activan áreas de la conciencia en la corteza cerebral que normalmente no se activan durante los sueños.

Christina me contó que a la mañana siguiente se había despertado completamente conmocionada por los acontecimientos de la noche anterior. Había «soñado» que se encontraba en el huerto de Getsemaní y estaba segura de haber pronunciado esa frase en arameo. Pero lo que realmente la sorprendió fue que lo hizo en un tono de voz completamente distinto al suyo. Ese sueño le había parecido más real que nunca porque se asemejaba a un episodio real de la vida durante el cual había percibido y observado los rayos de la luna que penetraban a través de los olivos. Me dijo que en las siguientes semanas lo ocurrido aquella noche la había acompañado en todo momento del día. Con el tiempo, la sensación se había vuelto cada vez más rara, pero seguía formando parte de ella. No era una persona católica practicante, pero me dijo que siempre se había sentido atraída por la figura de Jesús, por el gran amor que emanaba de él.

Poco después nos enteraríamos del porqué. Le pedí que se tumbara en el sofá y que me mirase fijamente a los ojos. No tuve casi ni tiempo de contar hasta tres cuando los ojos de la mujer ya se habían cerrado y se movían muy rápidamente en fase REM detrás de los párpados cerrados. Poco a poco, mientras contaba lentamente hacia atrás de diez a uno, su respiración se volvió profunda y regular. Pequeñas lágrimas comenzaron a descender por sus mejillas, haciéndome entender que Christina ya estaba en un profundo estado hipnótico.

—Está oscuro a mi alrededor. No hace ni frío ni calor. Simplemente siento mucha humedad —comenzó.

—¿Eres un hombre o una mujer? —le pregunté.

—Soy un hombre.

—¿Cuál es tu nombre?

—Marcus.

—¿Cuántos años tienes?

—Cuarenta y uno.

—¿En qué año estás?

—Veo el 36. Lo veo escrito de una manera muy particular. No estoy completamente seguro de que se trate del año, pero sé que es un número muy importante.

—¿Puedes describirte a ti mismo, por favor?

—Soy muy alto y musculoso. Llevo una túnica del color de la terracota parcialmente cubierta por una armadura y llevo puesto un casco.

—¿De qué color son?

—Me parecen dorados bajo la tenue luz de la luna.

—¿Cómo es que llevas armadura?

—Soy un soldado romano. He venido con toda mi legión. Estamos aquí porque mañana tenemos que arrestar a un hombre, pero no me siento en absoluto tranquilo. No me gusta lo que tengo que hacer porque es un hombre muy bueno llamado Yoshua. Es alguien que habla a la gente y es una persona muy carismática.

—¿Qué está pasando? —le pregunté al ver que su rostro se había enrojecido visiblemente y apretaba los puños.

—Ahora es de día y siento mucha angustia porque el ambiente está lleno de tensión. Estamos llegando a él para atraparlo. —Tras decir esas últimas palabras, Christina estalló en llanto.

—¿Por qué lloras? —le pregunté, dándole unos segundos de tiempo para recuperarse.

—Me he encontrado con su mirada. Se ha vuelto de lado y me ha mirado a los ojos. Su cabello ondulado le llega casi hasta los hombros y su piel es más oscura que la mía. Estoy abrumado por su mirada llena de amor y compasión. No expresa el más mínimo rastro de ira, odio o resentimiento hacia nosotros. Es algo realmente extraño teniendo en cuenta las circunstancias.

—¿Qué pasa después?

—Lo llevamos al templo. No puedo vivir en paz porque sé que hice lo incorrecto y decido dejar la legión y retirarme al desierto.

—Ahora contaré hasta tres. Al llegar a tres te encontrarás en el momento de tu muerte. La muerte de Marcus —le dije. Toqué suavemente la frente de Christina y conté.

—Estoy en un oasis en el desierto. El sentimiento de culpa hace que me deje morir de hambre y sed. No solo no hice nada para evitar aquella injusticia, sino que fui el arquitecto de la captura de un hombre tan grandioso.

—¿Cómo puedes morir de sed en un oasis? —dije tratando de ponerla a prueba.

—El agua del pozo está sucia y no es potable. Es un oasis al que ya nadie va.

Conté hasta tres de nuevo y le pedí que viera su muerte.

—Veo a Marcus desde arriba. Tiene unos cincuenta años y está en los huesos. Nada que ver con el hombre muy alto y musculoso que era hace unos años. Incluso su rostro ha cambiado y se ha dibujado en sus facciones una expresión de amargura. El sentido de culpa lo devoró y lo ha convertido casi en un esqueleto.

Realmente había sido una coincidencia inaudita haber conocido a quien había sido ese soldado en una existencia pasada. Sin embargo, con los años y la experiencia, he aprendido que las coincidencias no existen, y después de que la sesión terminara no pasó apenas tiempo antes de recibir noticias de Christina nuevamente: la mujer contactó conmigo por teléfono al día siguiente para decirme que había ido a visitar un santuario. Nunca antes había oído hablar de ello y la visita le había sido recomendada por una entidad que había percibido durante un ejercicio de meditación y que ella había definido como «maestro». Quienes meditan con asiduidad saben perfectamente que no hay nada extraño en eso y que uno de los propósitos de la disciplina meditativa consiste, de hecho, en tener este tipo de percepción. El santuario fue excavado en la roca y el camino que hay que seguir para llegar era realmente agotador, tanto que incluso había un sistema de transporte para discapacitados y personas con dificultades para caminar. La mujer había comenzado el descenso al santuario a pie. Había visitado la iglesia y sus alrededores prestando mucha atención porque estaba convencida de que, si el «maestro» le había sugerido aquella visita, debía existir una razón precisa y pensaba que podría estar relacionada con la regresión que había hecho conmigo el día anterior. Y estaba concentrada en encontrar algunos indicios. No obstante, después de visitar todo el santuario, no encontró nada y se enojó consigo misma pensando que no había sido capaz de identificar ninguna señal, e incluso había dudado de la fiabilidad de la experiencia que tuvo durante la meditación. Así que había decidido abandonar el santuario y tomar el transbordador para regresar al estacionamiento porque el camino cuesta arriba le habría resultado agotador. Desafortunadamente, había una larga fila de personas esperando en la parada del autobús y Christina tenía que tomar un avión esa misma tarde para irse a casa. Así que decidió ascender la colina. Después de unos pocos pasos, se dio cuenta de que en medio del bosque también había una ruta alternativa a la que había tomado en la ida y decidió adentrarse en ella. Era una escalera excavada en la roca y estaba prácticamente escondida por los altos árboles que había a ambos lados. Comenzó a subir. Una pareja con la que se había cruzado y que solía visitar el santuario a menudo le había confirmado que era la manera más rápida de llegar al estacionamiento. Se sentía cada vez más decepcionada porque esa visita no había producido los frutos deseados. Quería encontrar la señal que le mostrara que no se había inventado nada.

Desesperada y fatigada, cuando llegó a lo alto de la escalera, su corazón dio un vuelco. Justo en el último peldaño estaba escrito el número 36 exactamente de la misma manera y con la misma grafía con la que lo había visualizado durante la regresión que habíamos hecho el día anterior, cuando ocurrió la captura de Jesús.

No desearás a la mujer de tu prójimo

—¿Qué sucede después del violento gesto de Pedro en tu defensa? —le pregunté a Jack mientras, en hipnosis, todavía estaba en la piel de Yoshua en el huerto de Getsemaní.

—Me encuentro delante de él y tengo frente a mí al soldado herido. Junto a Pedro está el otro soldado, aquel que es muy alto y robusto. Me vuelvo hacia él y le digo: «Se hará la voluntad del Padre. Estoy aquí, llévame». Él baja primero la mirada y después la cabeza, y me doy cuenta de que está sufriendo mucho. Lo siento por él porque hace solo lo que le he pedido que hiciera y se sacrifica más que los demás. Nunca se perdonará a sí mismo. Mientras me arrastran, escucho muchas voces a mi alrededor.

—¿Qué dicen?

—Me gritan todo tipo de insultos, me escupen y me llaman «rey de los judíos», se ríen de mí. Los apóstoles han huido, dejándome solo con los guardias romanos, que me llevan ante Caifás, el sumo sacerdote.

—¿No te llevan ante Pilatos?

—No, me llevan a casa del sacerdote. También están su esposa y su padre, Ananías, quien había desempeñado ese cargo antes que Caifás. Es él quien decide casi todo en la comunidad judía y no puede aceptar la idea de que alguien diga cosas que podrían poner en peligro el orden y el poder establecidos.

—Entonces, ¿por qué han venido a buscarte los soldados romanos? ¿Reciben órdenes de él? —pregunté, impulsado por la curiosidad.

—Oficialmente, Roma decide, pero en lo que respecta a los judíos, las decisiones se toman dentro de la jurisdicción de la ley judía, para salvaguardar las apariencias. Sin embargo, los romanos siempre deben tener la última palabra y, por lo tanto, a ojos de todos, son ellos quienes deben arrestarme. No pueden permitir que un miembro de la comunidad judía arreste a un judío porque eso crearía una rebelión interna, ya que parte del pueblo comparte mis ideas. Ante la ley romana, todos tendrán que sucumbir y aceptar la decisión.

—¿Cómo va vestido el soldado que te captura? —le pregunté para ver si su descripción coincidía con lo que recordaba de la regresión de Christina, la mujer que se había visto a sí misma en el papel de ese soldado en una vida pasada.

—Lleva una túnica marrón rojiza parecida a un sayo, con ornamentos de metal a la altura de los hombros. Es una tela de algodón, lino y otras fibras naturales. Tiene botones dorados que la cierran en la parte delantera. Otros soldados la usan como capa, pasándose la parte más larga alrededor del cuello para que los cubra, y se la atan como un manto.

—¿Qué está pasando ahora? —pregunté, viendo que la expresión de su rostro había cambiado y se había vuelto más seria.

—Los soldados me dejan allí solo con Ananías y Caifás. Me hacen algunas preguntas para tratar de entender cuáles son mis intenciones. Quieren que revise mis ideas y las haga menos radicales y me someta a sus creencias. Si prometo dejar de hablar del Dios «Padre», tendrán clemencia. No quieren condenarme de inmediato, intentan convencerme de que cambie de opinión.

—¿Qué parte de tu discurso les molesta tanto?

—El hecho de que no entiendo la sumisión que demuestran hacia el poder. No acepto la idea de las concesiones que hacen con los romanos. Quien tiene a Dios a su lado va más allá de estas cosas, no se adapta y no necesita todos los beneficios que ellos consideran importantes. Quien está con Dios no está satisfecho con los títulos y el papel del sacerdocio. Ellos tienen miedo de que sembremos en la mente de la gente la posibilidad de que Dios pueda hablar directamente con todos. Los sacerdotes no quieren perder su rol, su estatus y sus beneficios. Quieren que lo niegue todo y quieren que lo haga delante de mis apóstoles.

—¿No se habían escapado mientras tanto?

—Están asustados como niños. Algunos ya reniegan de mí, otros se han ido por miedo. Muchos no han entendido lo que realmente está sucediendo y en mi captura han visto la derrota. Pensaban que yo era el Mesías que los conduciría a una nueva rebelión utilizando las armas. Cuando vieron que no oponía ninguna resistencia a los romanos que me capturaron, pensaron que había sido derrotado. No pueden entender mi elección.

—Volviendo a tu Dios «Padre» y su representación, creo que es muy reconfortante para nosotros los humanos tener una imagen tranquilizadora de él, que de alguna manera se nos parece. ¿No crees?

—Pienso que todos deberían crear la imagen que son más capaces de comprender. Dios no es materia, pero cada uno puede identificarlo como lo crea conveniente. Como una mujer, como un hombre, como un hermano, un padre o una madre. Algunas culturas lo representan como Pacha Mama, o Madre Tierra. Dios está en todo y cualquiera puede elegir cómo representarlo. Lo importante es no imponer una sola imagen y no crear un dogma, un solo estereotipo de fe.

—Creo que los sacerdotes del templo no están de acuerdo.

—Quieren convencerme de sus creencias. Usualmente no contesto, no digo nada y dejo que alguien más hable por mí. En ciertas situaciones, permito que la presencia de Dios se manifieste a través del destino. No caigo en las provocaciones de los sacerdotes y me limito a mostrar que no se trata de mi voluntad, sino de la del Padre. No es mi cometido separar lo que está bien de lo que está mal, simplemente hago lo que tengo que hacer. Intentan asustarme con amenazas, pero no tengo miedo.

—¿Cómo se toman tu respuesta?

—Piensan que es una cuestión de orgullo, que solo es una provocación por mi parte. Como si yo no los considerara dignos de hablar en mi presencia. No soportan la idea de ver a alguien que no se doblega a su voluntad, y lo temen. Quieren deshacerse de mí, pero no quieren asumir la responsabilidad de la deliberación y, por lo tanto, deciden enviarme a Pilatos, el procurador que supervisa y regula la ley romana en Jerusalén. Como no han podido convencerme de que reniegue de mi conducta, me envían a él pensando que a ojos del pueblo no serán los judíos los que me condenen. Quieren que Roma decida mi muerte para que el pueblo no se dé cuenta de que son corruptos y actúan en connivencia con los romanos.

—Me dijiste que tu padre biológico es José de Arimatea. Y que se sienta en un lugar de responsabilidad en el Sanedrín. ¿No puede protegerte e interceder en tu nombre?

—Él hace aquello que tiene que ser. En este momento no necesito protección. Solo necesito que todo suceda rápidamente. Quiero acelerar el proceso.

—¿Por qué?

—Porque quiero que todo esto termine lo antes posible y que se haga la voluntad del Padre. Quiero desencarnarme lo antes posible. No soportar más la idea de saber lo que me pasará. He tenido muchas visiones de lo que sucederá.

—¿Hasta ahora, tu vida terrenal ha sido difícil?

—No. Hasta ahora ha sido una existencia hermosa. La consagración de una misión. Cuando te das cuenta de que estás cumpliendo el verdadero motivo por el que viniste al mundo, liberas energía y produces sustancias en tu cuerpo que te hacen feliz porque entiendes el significado de todas las cosas. No existe la opresión contra tu voluntad, eres libre y feliz. Tu cerebro aumenta la producción de hormonas y tienes una fuerza increíble porque te sientes completo. Finalmente estás viviendo tu vida con la verdadera conciencia de lo que has venido a hacer. Es un momento de profunda satisfacción personal y no te importa si puede causarte dolor o no.

Me hizo sonreír que esa explicación neuroendocrinológica viniera de un hombre, aunque tan importante, que vivió hace dos mil años, pero aquello no era inusual. Como ya he dicho, una regresión consiste en un proceso de recopilación de información o de sentimientos sobre las vidas anteriores, que luego son procesados por nuestro cerebro para ser entendidos. El estado hipnótico favorece el trabajo sinérgico de la mente consciente e inconsciente y el sujeto es capaz, en todo momento, de detectar e interpretar cognitivamente la información que produce el inconsciente. Así, Jack era quien siempre interpretaba la información sobre la vida de Jesús.

—¿Qué parte de tu misión terrenal te hizo más feliz?

—Dejé que mi vida siguiera su curso. Viví sin nada, sin vincularme con nadie y sin echar raíces en ningún lugar, como un nómada.

—La mayoría de los humanos temerían vivir de esta manera. Para muchos de nosotros, renunciar a esas tres cosas es un gran sacrificio. ¿Cómo es posible que le atribuyas a esto las razones de tu felicidad terrenal? —le pregunté.

—Debemos aligerar el estado que siente nuestra alma cuando se encarna. Poseer objetos y personas, poseerlos y no amarlos, y sentirse atados a ellos, genera una carga en nuestra esencia. Condiciona nuestra manera de ser y nos impide expresar todo nuestro potencial. No somos nosotros quienes poseemos las cosas, sino que son ellas las que nos poseen. Debemos ser felices con la felicidad del otro y dejar de relacionarnos entre nosotros a través de la lógica de la posesión, utilizando la expresión «tú eres mío» o «tú eres mía», lo que nos aleja del verdadero amor que proviene de disfrutar de la libertad del hombre o de la mujer que amas.

»No podemos establecer una forma de trueque por la cual yo te amo y te demuestro mi amor solo si soy correspondido en los mismos términos. De esta manera se somatiza el odio y el amor se transforma en resentimiento. No podemos encerrar el amor en una caja preconcebida por la cual únicamente puedes amar a una persona, y no a más de una, solo porque la sociedad diga que debes unirte exclusivamente a ella.

»En esta vida se me ha permitido en cambio amar en todas partes y a cualquiera: personas, cosas y animales, sintiendo la misma pasión y amor que siento por un ser humano, un hombre, una mujer, un adulto, un joven, un anciano, también por un animal o un ser inanimado, aparentemente privado de valor. Me hubiera gustado hacer entender a todos esta forma de amor, pero muy pocas personas la han comprendido.

Ese Jesús no convencional, tumbado frente a mí con los ojos cerrados, me generaba cierta perplejidad. Aparentemente, su descripción podría recordar a la del amor libre de los *hippies* de los años setenta del siglo pasado. Pero escuchando con atención las palabras del hombre y el tono en que eran pronunciadas, se entendía muy bien que no estaba hablando de sexo o de amor físico. Era más bien una forma de amor universal que yo mismo llamaría divina. Ese amor que ya había escuchado describir cientos de veces a personas que al final de una regresión experimentan la vida después de la muerte y esa energía infinita de la que está compuesta nuestra alma. Siempre he utilizado el término *amor* para describirla, y escuchar las palabras de Yoshua ese día me hizo comprender que tal vez no me equivocaba. Como seres espirituales, podemos experimentar un sentimiento que va mucho más allá del terrenal que puede experimentar una persona. Nuestras almas se encuentran durante muchas vidas, aunque en diferentes roles. A menudo nos afanamos en la búsqueda compulsiva de un solo amor, de un alma gemela, y no nos damos cuenta de que siempre hemos tenido al lado más de una, en forma de hermano o hermana, de amigo o amiga, de padre o madre, de compañero o compañera de trabajo, de profesor o estudiante, incluso de animal. El amor romántico no es la única forma de amor ni la más profunda. El amor es amor.

Soy muy optimista porque veo que con cada nueva generación este concepto más amplio de amor se está extendiendo también en el plano físico y terrenal. Nuestros hijos son mucho más abiertos que nosotros y nosotros somos más abiertos que nuestros padres y madres. Me gusta pensar que un día el concepto de sexo biológico puede desaparecer definitivamente, ya que representa una etiqueta innecesaria y perjudicial. ¿Qué diferencia hay entre ser hombre o mujer? Todos somos iguales y estamos compuestos de la misma energía divina. Somos seres humanos. Diferenciarnos sexualmente siempre ha generado dolor y discriminación. Pensemos solo en que incluso hoy, en nuestro mundo «moderno», el salario promedio de una mujer es al menos un veinte por ciento más bajo que el de un hombre. Sin entrar en otras áreas donde esta diversidad es capaz de generar un sufrimiento aún mayor.

—¿Y qué tipo de alegrías te da la vida nómada?

—Dormir al aire libre y no saber lo que sucederá mañana, crear lo que sucederá, te convierte en un verdadero

Dios. Se dice que «el hombre está hecho a imagen y semejanza de Dios», pero nunca se ha entendido el verdadero significado de esta afirmación, que no significa que el ser humano deba parecerse físicamente a Dios, sino que es capaz de crear como Dios. Sin saber dónde estás y qué harás, sin planificar nada, creas tu existencia en todo momento.

»Vives el momento como lo hacen los animales y luego puedes experimentarlo completamente, en cada segundo, en cada instante. No esperes el devenir ni te limites a reflexionar sobre el pasado, vive en el presente y regocíjate con lo que suceda. De esta manera te conviertes en la fuerza creativa del universo. No sabes qué harás, a quién conocerás, qué tendrás. No es una cuestión de fatalismo sino de renacimiento.

»Cada día eres una persona nueva y tienes una vida nueva, hoy no sabes quién serás mañana. Como si vivieras mil vidas en una sola vida. No es la misma vida día tras día, haciendo las mismas cosas en una existencia inútil y monótona que se enrosca en sí misma.

—Si siempre dejamos que las cosas sigan su curso, ¿qué pasa con nuestro libre albedrío? —objeté.

—Siempre existe la posibilidad de cometer un error, incluso si nadie nos advierte de que es un error. Lo sentimos en nuestra piel mientras permanecemos en la estela de nuestro devenir.

—Entonces Dios no nos protege. Así que, ¿estamos solos? —lo presioné.

—Dios te ama por encima de todas las cosas. No te posee. No puede mostrarte qué es la libertad si no te permite cometer un error. Si viene a resolver tus problemas un momento antes de que ocurran, actuará como un padre tonto que evita que sus hijos cometan errores y los convierte en autómatas que dependen de él y que nunca crecerán. Dios no quiere esto para nosotros. Quiere que el ser humano se convierta en un creador como él. No es celoso y no quiere sentirse único. No es envidioso y no quiere ser adorado o idolatrado.

—¿Quién te lleva a Poncio Pilatos?

—Los soldados romanos me llevan a su presencia. Como hombre libre, ya lo había conocido hace algún tiempo.

—Ya han pasado unos años. ¿Por qué quiso conocerte entonces?

—Envió a su esposa a llamarme. Estaba molesto porque ella a veces venía a escucharme. No entendía por qué su esposa ocasionalmente iba a escuchar a un pobre hombre vestido con harapos que hablaba con otros mendigos. Pensaba que ella se había enamorado de mí y que yo también la quería físicamente. Tenía curiosidad y quería conocerme. No podía entender las razones de su esposa porque estaba demasiado atado a su deseo de poder y al miedo de cometer otros errores. Tiberio ya lo había reprendido una vez, así que ahora se entromete poco en el camino de la ley judía y deja que los sacerdotes corruptos deliberen. Teme decidir porque es un pueblo que crea muchos problemas porque siempre ha sido perseguido injustamente y no acepta por voluntad propia que un extranjero lo gobierne. Y Pilatos desea vivir en paz.

—¿Cómo es la reunión entre vosotros?

—Nos encontramos en un lugar apartado, en la casa de un soldado romano. Si me hubiera recibido en su palacio, habría llamado demasiado la atención. Su esposa me lleva ante él. Pilatos desea saber si creo en lo que digo o si simplemente estoy interpretando el papel del Mesías. Teme que quiera reclamar parte del poder sobre la población judía. Quiere entender si realmente desciendo de David, como han dicho muchos, y teme que dañe el equilibrio social que ha logrado establecer con un gran esfuerzo. Sobre todo, quiere saber si su esposa ha sido subyugada por mi encanto o no, si he podido dar forma a la voluntad de ella o de otros, convenciéndolos de que formen parte de mis seguidores.

—¿Piensa que su esposa podría estar enamorada de ti?

—Él mismo no es muy fiel a su esposa, por lo que le preocupa una eventual infidelidad de ella. Teme que yo pueda utilizarla para recopilar información sobre él y atacar su poder. Teme que ella hable demasiado y se le escape alguna información confidencial.

—¿Cómo termina vuestra conversación?

—Llegados a un cierto punto se convence de que yo no represento un peligro para él y se calma. Decide dejarme en paz. Durante estos años, de hecho, no se ha preocupado por mí en absoluto y no lo habría hecho ahora si no se hubiera visto obligado a hacerlo.

—¿Quién lo fuerza?

—Los sacerdotes querían que los romanos tomaran la decisión. Pilatos no me veía como una amenaza y no me habría condenado si yo no les hubiera creado problemas a los sacerdotes y, por lo tanto, al orden que él había creado.

—¿Dónde te recibe esta vez?

—Cerca de los torreones. En el palacio que los romanos hicieron erigir en la explanada para controlar el templo. Pilatos no quería asumir la responsabilidad de la decisión, pero sabía que tendría que actuar de alguna manera. Entonces se le ocurrió una pequeña estratagema e intentó que fuera el pueblo quien decidiera. Durante el período de Pascua, un prisionero puede ser liberado y la gente elige a quién otorgar la clemencia. Pilatos ha convocado a la población judía en la explanada y les ha preguntado quién debería ser liberado, pensando que optarían por mí. En cambio, han elegido a otro que también se llama Jesús de primer nombre: Barrabás.

—¿Era el tuyo un nombre muy común en ese momento? —Yo sabía perfectamente que ese era el caso, pero decidí preguntárselo de todos modos.

—Sí, claro. Lo elegí por eso, para pasar desapercibido. Cuando, por aclamación popular, Pilatos pregunta quién de los dos debe ser liberado, la gente elige a Yoshua Barrabás. El propio Pilatos nunca pensó que esto sucedería. Como el gran cobarde que es, habría preferido mi liberación a través de una tercera persona. Pero como la voluntad del Padre no era esa, entre él y yo se cuela otro Yoshua. Y él se ve obligado a pronunciar la sentencia.

—¿Dónde te encuentras tú en ese momento?

—Estoy dentro del edificio, en los calabozos. El pueblo está en la explanada frente al templo. Como si estuviera en el Coliseo, el propio Pilatos le pregunta al pueblo a quién quiere salvar. El pueblo ansía el poder como una masa informe, manipulada por los sacerdotes corruptos mezclados con la turba que los incitan a decidir por el otro Yoshua.

—El otro se llama Barrabás; ¿qué nombre utilizan para identificarte?

—El que todos usan: «el rey de los judíos». Aunque en ese momento dicen textualmente «el que se hace llamar rey de los judíos», aunque en realidad nunca he dicho tal cosa. Y la gente no quiere un rey vestido con harapos. Para ellos, Barrabás había provocado una insurrección que podría hacerlos esperar una rebelión armada contra los romanos, que a la gente le hubiera gustado mucho más que mi pequeña revolución espiritual y pacífica.

Muchos temas habían surgido en la regresión de ese día. Lo primero que me llamó la atención y me animó al mismo tiempo fue que Jesús, en el momento de su condena, no temía a la muerte. Al escucharlo recordé las palabras con las que Carl Gustav Jung, el gran psicólogo y psiquiatra del siglo pasado por quien siento una profunda admiración, la describía: «Lo que viene después de la muerte es algo de un esplendor tan indescriptible que nuestra imaginación y nuestra sensibilidad ni siquiera pueden concebir aproximadamente [...] La disolución de nuestra forma temporal en la eternidad no implica una pérdida de significado: más bien, todos nos sentiremos miembros de un solo cuerpo».

El miedo a la muerte no nos permite vivir la vida. Se trata de un concepto que ahora forma parte de mi vida diaria y de mi ser, tanto profesional como personalmente. Y el simple hecho de poder ayudar a aliviar este miedo en los demás y «aligerarlo», como habría dicho Yoshua, refuerza la pasión y la motivación que pongo en mi trabajo todos los días. Sus palabras me recordaron la importancia de vivir cada momento de la vida sin pensar en lo que vendrá o sentir remordimientos por lo que sucedió en el pasado. Me di cuenta de que, a diferencia de los animales, los humanos rara vez lo hacemos. Por el contrario, a lo largo de nuestras vidas tratamos de controlar cada pequeño detalle y nos quejamos si las cosas no salen como deseamos, sin darnos cuenta de que por lo general el sufrimiento se debe solo a la decepción de nuestras expectativas. Si pudiéramos controlar todo y saber con exactitud qué nos sucederá y en qué momento, es decir, si supiéramos en detalle el guion de nuestra existencia, la vida resultaría en un aburrimiento mortal. Incluso perderíamos el deseo de vivir. La belleza de la vida consiste precisamente en nacer de nuevo todos los días, tal como lo había dicho ese Jesús tan original.

Todos somos parte de una sola energía y, aunque en apariencia parezcamos diferentes, compartimos el mismo destino. Aunque cada uno de nosotros individualmente tiene su propio camino a seguir, durante nuestras muchas existencias podremos interpretar todos los roles posibles: en una vida seremos mujeres; en otra, hombres, judíos, cristianos, musulmanes, hindúes, ateos, agnósticos, ricos, pobres, blancos, asiáticos, negros, heterosexuales, homosexuales. Si aprendemos a mirar con el corazón más allá del aspecto físico, del color de la piel, de las creencias religiosas, de los diferentes usos y costumbres, veremos que nuestra verdadera esencia no se limita a lo que ven nuestros ojos. Nuestra alma se refleja y se funde continuamente con la de los demás y todos brillamos con la misma luz maravillosa. Si volvemos a reencarnarnos muchas veces es para experimentar todos los roles y aprender a reconocer todos los matices posibles, para aprender que el amor reside en cualquier ser, vivo o no. Como Jesús, el hombre que veía tumbado en el sofá frente a mí había repetido este concepto varias veces. Había establecido el hecho de que Dios está en cada uno de nosotros, pero depende de cada uno aprender a reconocerlo. Y en mi opinión, no hay mejor manera de hacerlo que reflejarse en los demás y encontrar en ellos nuestra esencia, nuestra alma.

¿Podría ser realmente la reencarnación de Cristo? ¿De dónde venía toda la información que aquel hombre, literalmente transformado ante mis ojos, describía durante el estado hipnótico?

Pensé que podría ser el inconsciente colectivo planteado por Jung. O una especie de memoria akáshica. O tal vez las áreas de la corteza cerebral de Jack, activadas por el trance, actuaban como una antena y recibían información que estaba en el éter a nuestro alrededor. Se trataba de una eventualidad extrañamente forzada dado que había encontrado una posible confirmación en la teoría del Campo Unificado (teoría del todo), una teoría de la física que hipotéticamente podría explicar y reunir en un único marco todos los fenómenos físicos conocidos.

Había discutido con algunos amigos científicos sobre el tema y uno de ellos, a quien no menciono por razones de confidencialidad, me había dado una interpretación muy interesante según la cual por «campo» podemos referirnos esquemáticamente a «la envoltura de las ondas estacionarias», es decir, al conjunto de un número infinito de ondas electromagnéticas, todas interconectadas y capaces de contener una cantidad ilimitada de información. Por lo tanto, se puede suponer que los datos relacionados con las vidas anteriores, como todos los demás fenómenos, presente y futuro, se escriben indeleblemente en el Campo Unificado en forma de patrones de ondas interferentes que codifican, hasta en sus más mínimos detalles, toda la información que contienen (duración del tiempo, posición, forma, dimensiones, etc.). A través de una herramienta matemática conocida como la Transformada de Fourier, es posible extraer la información relevante de áreas específicas de este Campo, es decir, de partes de los patrones de ondas interferentes. El cerebro podría traducir esta información en «objetos» reconocibles. El proceso inverso permitiría que la nueva información relacionada con los eventos que estamos experimentando se incorpore de la misma manera, siempre como patrones de ondas interferentes.

Siendo en nuestro caso la existencia de personas, podrían ser los órganos sensoriales, a través del cerebro, los responsables de construir los patrones de las ondas interferentes, que luego se registrarían en el Campo. Como se demostró ampliamente, el cerebro es perfectamente capaz tanto de construir patrones de interferencia de ondas, a partir de eventos ocurridos en el espacio-tiempo, como de decodificar estos últimos, basándose en la información contenida en el Campo.

Desde hace unas pocas décadas, la física ya conocía la presencia de este Campo Unificado del que, sin embargo, ignoraba el funcionamiento. Se consideraba una entidad constante que podía pasarse por alto ya que las fórmulas explicaban solo el vínculo cuantitativo entre las variables involucradas en un fenómeno físico dado. Hoy, gracias a la física del funcionamiento del Campo, es posible explicar cómo y por qué ocurren los fenómenos físicos de acuerdo con ciertas ecuaciones. Si se demostrara esta hipótesis, posteriormente afirmada en el campo de la física cuántica para describir una teoría que unificara todas las interacciones fundamentales de la naturaleza, las dos teorías físicas fundamentales aceptadas, la mecánica cuántica y la relatividad general, actualmente irreconciliables, serían compatibles.

Estaba muy contento porque era una explicación científica, aunque teórica, de lo que siempre había planteado como hipótesis durante todos estos años en los que me he dedicado a las regresiones a vidas pasadas. Es una teoría de la física que, tal como afirman sus partidarios, podría reunir muchos fenómenos y disciplinas que aparentemente no parecen estar conectados entre sí. Incluso a nivel físico, nuestro cerebro representaría un dispositivo receptor capaz de interpretar la información presente en el universo que nos rodea. Y la hipnosis o la meditación constituirían el interruptor capaz de encender esas conexiones neuronales, bioquímicas y eléctricas capaces de activar la antena. Los estudios de neuroimagen realizados con IRM (imagen por resonancia magnética) y otras técnicas han demostrado que estos estados de conciencia producen cambios en el cerebro y los resultados han sido increíbles: durante la hipnosis, el cerebro literalmente se «ilumina» con muchas áreas neuronales nuevas. Al igual que un televisor o un teléfono inteligente capaz de analizar y reproducir contenido presente en el éter o en la web, el cerebro de Jack probablemente estaba conectado a esas ondas electromagnéticas que representaban y describían con mucho detalle los fenómenos de la existencia de Jesús. Estaba recibiendo, elaborando y reconstruyendo aquellos eventos que ocurrieron muchos años antes y que probablemente se registraron en el éter, o en el

Campo, como habría dicho mi amigo científico. Y como Jack, cualquier otro en el mismo momento, en las mismas determinadas condiciones y con las mismas conexiones cerebrales, podría haberlo hecho.

Mi naturaleza más científica y racional se tranquilizó profundamente. Pero la curiosidad de mi parte más intuitiva era más fuerte y estaba más viva que nunca. Estaba ansioso por descubrir qué otros eventos increíbles habrían caracterizado la vida de ese hombre de hace dos mil años. Pero, sobre todo, ¿quién era Eptor?

No robarás

Para entonces, había llegado a conocer a Jack, y la incertidumbre inicial, mezclada con la incomodidad causada por el tema discutido durante las sesiones, había dado paso a una sensación de familiaridad y bienestar. Los contenidos explicados por el hombre comenzaron a infundirme una extraña sensación de paz. Estaba más relajado y era plenamente consciente de que estábamos haciendo un excelente trabajo. Las palabras de Yoshua, sesión tras sesión, me dejaban claro que todos somos perfectos como somos y que Dios nos ama precisamente por eso, por nuestra singularidad y nuestras debilidades. Más que nunca, me di cuenta de que desperdiciamos nuestra existencia tratando de ser lo que no somos solo para complacer a los demás. Durante toda la vida nos comportamos como niños que quieren causar una buena impresión para satisfacer a sus padres. A menudo, incluso como adultos, este comportamiento nos acompaña en las elecciones de la vida y nos hace infelices. Las decisiones más importantes no se toman escuchando a nuestro corazón, sino a partir de lo que otros, familiares o amigos, quisieran para nosotros. Desde el curso de los estudios hasta el trabajo, el hogar, el matrimonio, los hijos, todo se decide basándose en los patrones de comportamiento establecidos por otras personas o por la sociedad misma. Al escuchar los relatos de ese extraño Jesús, entendí que no hay nada que nos aleje más de Dios que hacer algo que no queremos hacer. Él nos ama por lo que somos y por lo que deseamos en nuestra intimidad y en nuestra alma. Nuestro único propósito en esta vida es apreciarlo y experimentarlo plenamente en todo momento. La sociedad nos obliga a actuar a cualquier coste y a medirnos frente a los demás, mientras que lo que realmente debemos hacer es mirar dentro de nosotros mismos y aprender a reconocer las alegrías que la vida nos brinda en cada momento.

Solo había pasado una semana desde la última sesión, pero realmente quería ver a Jack de nuevo. Él también parecía mucho más relajado de lo habitual ese día. La sensación que me transmitían sus pequeños ojos brillantes era que se sentía «aligerado», por usar uno de sus términos, y que ya no tenía miedo de que yo pudiera pensar que él estaba un poco loco. Cuando me saludó alegremente con una gran sonrisa, noté que lo seguían a cuatro patas. Era una linda perra castaña de pelo corto con nariz puntiaguda y unas orejas muy rectas que le sobresalían de la cabeza. Movió la cola alegremente tan pronto como se dio cuenta de que mis intenciones eran pacíficas.

—¡Qué hermosa! ¿Es tuya? —le pregunté mientras la acariciaba.

—No. Pertenece a una querida amiga mía que me ha acompañado y que me espera fuera, pero Lucy ha querido venir conmigo a toda costa. La he dejado hacerlo porque he pensado que ella también tenía algo que decirte —respondió él bromeando.

—De acuerdo, Lucy. Dime —dije agachándome y colocando la oreja contra la cara de la perra, como para escucharla.

Después de ese divertido interludio, invité a Jack a que le preguntara a su amiga si quería entrar y conocerme. Él se negó cortésmente, y me dijo que ella prefería esperarlo fuera. Tenía la esperanza de que entrara para poder conocer algunos detalles más sobre la vida actual de ese misterioso hombre cuya existencia pasada conocía de memoria. Pensé que tal vez era mejor así y que conocerlo mejor en el presente suavizaría de alguna manera el interés y el encanto que suscitaba aquella existencia vivida dos mil años antes.

Acompañó afuera al pequeño cuadrúpedo y volvió a mi consulta solo. Le expliqué que, aunque amo a los animales, generalmente no les permito asistir a una sesión porque sus reacciones, principalmente de afecto, pueden ser impredecibles. Y unos pocos lametones en la cara o en el brazo, como el beso del príncipe azul enamorado de Aurora, tienen el enorme poder de despertar de un trance a cualquiera.

Se tumbó en el sofá y comencé la inducción del estado de trance, en el que entró en unos segundos. Después de varias respiraciones profundas, Jack finalmente comenzó a hablar.

—Están persiguiendo a un hombre.

—¿De quién estamos hablando?

—Es un hombre que tiene hambre. Necesita comer.

—¿Podrías describirlo, por favor?

—Tiene el pelo blanco grisáceo y una cara hundida y quemada por el sol. Viste con harapos y huye descalzo. Lleva consigo un pedazo de pan.

—¿Cuántos años tiene?

—Alrededor de sesenta.

—¿Lo conoces?

—No sé quién es. Estoy en la calle y él, corriendo, pasa cerca de mí, casi choca conmigo. Lo están persiguiendo.

—¿Quién lo está persiguiendo?

—Un civil romano con dos soldados.

—¿Por qué lo persiguen?

—Lo consideran de su propiedad.

—¿Se trata entonces de un esclavo? —pregunté con curiosidad.

—Es un sirviente sujeto a la voluntad de su amo. Robó un trozo de pan porque tenía hambre, lo sorprendieron y entonces se escapó. Lo persiguen para castigarlo. Ahora tropieza, cae y se lesiona la rodilla, pero inmediatamente se levanta y comienza a avanzar de nuevo, ahora cojeando. Los otros ya vienen y están casi encima de él. Al final lo atrapan y le gritan arrastrándolo de regreso a la casa.

—¿Alguien más está viendo esta escena o solo estás tú?

—Junto a mí están mis seguidores habituales, caminamos hacia Jerusalén y estamos casi a las puertas de la ciudad.

—¿Cuántos años tienes en ese momento?

—Veintisiete.

—¿Qué pasa después?

—No sé lo que pasa. Se lo llevan, pero no puedo evitarlo. No pertenezco a la sociedad romana. Son sus reglas y yo no sigo la ley de César. No tengo manera de protegerlo porque no tengo autoridad. Pero sé que no es justo castigarlo porque ese hombre ha robado solo porque tiene hambre. Sé perfectamente que no ha sido un gesto correcto, pero ha sido dictado por un estado de necesidad.

»Así como no es justo que él robe, tampoco es justo que un ser humano pase hambre. Y mucho menos es justo que un hombre pueda matar de hambre a otro. Si no tienes la conciencia y la capacidad de comprender que se puede vivir también sin robar, no es correcto que otros te obliguen a hacerlo por necesidad porque no se te da la cantidad de alimentos necesarios para satisfacer tus necesidades. Él trabaja en aquella casa y no recibe lo suficiente para vivir con dignidad.

—¿Sientes mucho el destino de este hombre? —le pregunté, tras notar que su rostro había asumido una expresión contrita, como si tuviera la culpa de no haber podido ayudar al pobre hombre.

—Lo veo como una injusticia. Los romanos piensan que respetan las reglas y el pueblo judío también comparte esta ley porque interpretan el mandamiento literalmente. No asumen que la situación económica de los dos individuos es completamente diferente y que los dos disfrutan de un estado de comodidad muy distinto. A quien nos manda no le importa porque solo piensa en sus propios intereses.

»El pueblo judío no tiene la fuerza para contrarrestar este estado de pseudoesclavitud. Incluso los funcionarios romanos, que viven en los laureles, han aceptado un estado de esclavitud mental a cambio de la seguridad y el bienestar que ese micropoder les garantiza. Viven a espaldas de los más pobres, como si hubiera un sistema de castas. No hay diferencia entre un romano y un judío corrupto, a ambos les interesa solo su propio bienestar y no les importa el estado de la mayoría de la población.

—Robar una barra de pan también puede ser justificable, pero ¿no crees que si todos robáramos, el sistema de propiedad privada fallaría y el mundo caería en el caos? —objeté.

—Realmente deberíamos evitar cualquier forma de propiedad privada. En los mandamientos se afirma el concepto de no querer las cosas de los demás. Pero esto se refiere al hecho de que el deseo no debe dar como resultado la voluntad de poseer lo que pertenece a otra persona. La interpretación literal es incorrecta porque te lleva a considerar que no debes tomar o robar las cosas de otras personas.

»El mandamiento en realidad se refiere a otro concepto, el de «no desees lo que desean los otros» o «no hagas tuyo el deseo de otra persona», que más bien te invita a profundizar en tus necesidades reales, que a menudo no se corresponden con aquello que los otros querrían que desearas. Cuando hayas comprendido esto, ya no intentarás tener o anhelar las cosas de los demás. Y, por lo tanto, ya no robarás porque tu deseo es único y diferente.

»Tu bienestar no depende de cosas materiales, sino que vendrá de tu propio interior. Ya no buscarás lo que ahora identificas como una necesidad, sino que te ocuparás de tus verdaderos deseos y necesidades. Y luego los satisfarás como lo hacen los animales, a través de lo que la naturaleza te ofrece. Pero esto solo puede suceder cuando los hombres ya no tomen posesión de tierras que en realidad no les pertenecen, porque no pertenecen a nadie.

»El establecimiento de la propiedad privada ha hecho que el hombre pensara que un pedazo de tierra podía ser suyo y que nadie podía arrebatarle el fruto de sus árboles. Porque incluso considera de su propiedad el árbol nacido en su tierra. En cambio, todo es de todos. Algunos gobiernos respetan este principio y no venden la tierra, sino que la alquilan a largo plazo, a pesar de que a menudo está permitido construir estructuras privadas en esas tierras.

»En algunas tradiciones jurídicas, queda algún rastro de lo que somos, pero por lo demás, el ser humano se ha adaptado poco a poco a la sociedad de las cercas, y ha construido las jaulas y las cárceles. Nos callamos por miedo a que alguien más venga y nos quite algo. Esto siempre nos hace sentir muy frágiles en comparación con los demás. Metemos en la cárcel a los ladrones y a aquellos que vienen a robarnos nuestras amadas cosas. Pero esto no nos hace más serenos, ni más seguros, ni más libres, sino que refuerza nuestro estado de ansiedad y de preocupación. El ser humano, dentro de la prisión que él mismo ha construido, vive en un estado de precariedad y miedo infinito: tiene miedo de perder todo lo que cree que es suyo. Y por eso deja de vivir en paz y de acuerdo con la naturaleza.

—En tu opinión, ¿se trataría de renunciar a poco para ganar mucho?

—Se gana la destrucción del propio ego y se comprende que se es parte del todo. Pero este es un paso muy difícil para el ser humano, porque para hacerlo tendría que eliminar esa forma de relativismo por el cual una persona se siente más rica o más poderosa que otra. Si sigues enfrentándote a los demás y te sientes mejor solo si alguien está peor que tú, querrás acumular muchas cosas, ser más rico y más poderoso, porque eso te hace sentir aparentemente más importante. Pero ese comportamiento nunca te permitirá evolucionar. Si quieres conocer a Dios, debes compartir todo lo que tienes con los más pobres, los más débiles y los más frágiles. Solo de esa manera serás parte del todo y te sentirás realmente poderoso, porque serás libre de existir como realmente eres: un ser divino.

—Me temo que nuestra sociedad en estos dos mil años ha ido en la dirección opuesta. Incluso hay planes para vender parcelas de terreno en la luna... —señalé.

—El sistema económico no está construido para favorecer a la especie humana, sino solo a unos pocos individuos. Llegará un momento en que el ser humano experimentará una inmensa frustración y no quedará nada capaz de satisfacerlo. La depresión tomará el control porque ningún objeto podrá hacerlo sentir mejor, como le había prometido la sociedad de consumo. El tiempo está a punto de acabarse.

»Analiza cuánto dura el estado de felicidad que te proporciona la compra de un bien: es cada vez más imperceptible, hasta que dura solo un instante. ¿Y qué hace el hombre en los tiempos modernos? Sigue comprando, pensando que cada artículo nuevo que compra puede aumentar esos momentos de felicidad y, al hacerlo, construye un vertedero en casa. Este sistema basado exclusivamente en el consumo traerá decepciones muy profundas porque el ser humano notará tarde o temprano la inutilidad de todo esto. Y su único recurso consistirá en buscar esa felicidad innata que está en todos nosotros y que lo mueve todo.

»La sociedad de consumo está impulsada por necesidades que no son reales y su satisfacción no brinda felicidad genuina, sino solo un pobre reflejo de ella. Si el hombre no experimentara esa alegría ficticia al comprar cosas, no las compraría. El ser humano es feliz en sí mismo y nace con una infinita serenidad. Si no se le hiciera creer que su felicidad depende de ser mejor que los demás o de poseer más cosas, la mayoría estaría implícitamente satisfecha.

Por desgracia, es un tema que conozco bien y personalmente. Hace muchos años sufrí por un problema que en aquel momento ni siquiera era reconocido por la psicología tradicional: el síndrome de la compra compulsiva. Era joven, en ese momento todavía trabajaba como directivo de una empresa y mi salario me permitía un nivel de vida muy cómodo. Sin embargo, desafortunadamente, dilapidaba todo el dinero en compras absurdas y de todo tipo, buscando esa felicidad y satisfacción que no llegaban nunca. Por suerte, conocí a un muy buen psicoanalista que logró, a través de numerosas sesiones, hacerme entender que aquellas sensaciones no pertenecen ni residen en las cosas, sino que se encuentran en el interior de cada uno de nosotros. Tardé mucho tiempo, pero por fin pude comprender que esta búsqueda compulsiva de sentimientos de satisfacción se debía principalmente a la insatisfacción que me causaban mi trabajo y mi estilo de vida. Era un perro que se mordía la cola, aunque probablemente debía de ser un problema surgido muchos años antes en mi infancia. Mi madre solía contarles a todos una curiosa anécdota sobre mí. En mi cuarto cumpleaños, mis padres decidieron acompañarme a una gran juguetería en mi ciudad. Quizá la más importante que había en aquellos días. Al llegar frente a los grandes escaparates, me dejaron unos minutos para decidir cuál sería mi regalo. Después de unos minutos, me preguntaron si había hecho ya una elección y ante mi respuesta negativa decidieron que entráramos a ver otros juguetes. La vendedora sacó de todo, pero el niño de cuatro años que era yo no podía decidirse y repetía: «¿Qué me gustaría? ¿Qué me gustaría? No sé qué me gustaría». No hace falta decir que, después de más de una hora, a mis padres se les acabó la paciencia y me compraron cualquier juguete, lo que desafortunadamente solo me dio unos segundos de felicidad. Más de veinte años después, gracias a la magia del psicoanálisis y la habilidad de mi terapeuta, por fin entendí que mi felicidad no radicaba en la posesión, sino en el placer que sentía al examinar las posibles alternativas e imaginar cómo sería mi vida si cada una de esas posibilidades se materializase. Han pasado treinta años y mi síndrome ha desaparecido por completo, reemplazado por el genuino placer que siento simplemente mirando las cosas e imaginando. Por ahora solo compro lo que sé que me hará feliz y además puedo disfrutar plenamente del largo proceso de la toma de decisiones. Aquel Jesús, un poquito *hippie*, era ciertamente mucho más radical que yo en sus ideas colectivistas, pero lo que decía no estaba en absoluto infundado.

—Incluso si la posesión de bienes y de dinero no nos satisface profundamente, en cualquier caso, puede facilitarnos la vida —señalé, retomando mi papel de abogado del diablo.

—¿Crees de verdad que los ricos, los poderosos y los capitalistas, con su deseo de controlar y poseer el mundo, son verdaderamente felices? Exteriormente lo manifiestan e interpretan un papel, fingen ser el ejemplo de éxito en la sociedad que todos deben y pueden imitar. Sin embargo, puedo percibir su tristeza interior, su sufrimiento, su conciencia de impotencia ante la muerte o frente a una enfermedad física que el dinero no puede curar. El poder y el dinero no garantizan la omnipotencia y sus seres queridos mueren sin que puedan hacer nada.

Sus palabras me recordaron una famosa frase del dalái lama que me había impresionado mucho y que decía textualmente: «Lo que me sorprende de los hombres es que pierden la salud para ganar dinero y luego pierden el dinero para recuperarla».

—Por otro lado, este sistema que recompensa solo el dinero está generando daños considerables en el mundo, tanto en el ecosistema como en la humanidad misma —añadí.

—Está sucediendo aquello que debe ocurrir cuando nos enfrentamos al final de un sistema económico. Se intenta llevar a cabo un ensañamiento terapéutico contra algo que ya está muerto. Las oligarquías financieras están haciendo todo lo posible para salvarlo, utilizando cualquier medio, pero es el sistema mismo el que está cediendo y ya no se apoya a sí mismo. Ciertamente no lo conseguirán. Los ricos y poderosos tendrán que recurrir a la filantropía tarde o temprano para poder mantener un estado de bienestar.

»Comprenderán que, si las comunidades no se construyen capaces de crecer de manera autónoma y separada del sistema globalizado, la sociedad ya no será manejable. Por lo tanto, favorecerán la organización de microsociedades en las que habrá una distribución equitativa del pan y los peces. Serán idolatrados y pueden convertirse en salvadores hipotéticos del mundo. Pero todavía faltan muchos años para que esto suceda.

Aquellos conceptos me recordaron la parte final de un poema del último libro de John O'Donohue, un poeta irlandés que murió hace unos años y que contribuyó a la difusión de la espiritualidad celta.[*] Se titula *Para quien tiene el poder* y la traducción al castellano suena más o menos así:

Que tu alma encuentre la gracia
para elevarse por encima del flagelo de la mediocridad.
Que tu poder nunca se convierta en un caparazón
donde tu corazón se atrofie en silencio.
Que puedas darle la bienvenida a tu propia vulnerabilidad
como la tierra donde se unen curación y verdad.
Que la integridad del alma sea tu primer ideal,
la fuente que guiará y bendecirá tu trabajo.

---

[*] Editorial Sirio ha publicado la versión en castellano de *Anam Cara,* su obra más emblemática.

—Has mencionado los panes y los peces. ¿Puedes decirme qué pasó en ese episodio?

—Estaba cerca de un lago, que hoy llaman lago Tiberíades. Estaba hablando con las muchas personas que venían de vez en cuando para escuchar lo que decía. Al principio, alrededor de las siete de la mañana, había unas cuarenta, luego durante el día aumentaron gradualmente en número a medida que venían desde todo el país. Al mediodía, cuando brillaba el sol, nos sentamos a comer.

»Todos trajeron comida para el día desde casa. Los apóstoles vinieron a mí para decirme que teníamos un problema porque muchos de los que se habían unido a nosotros ya se habían quedado sin comida y no tenían nada para comer. Como era apropiado para nosotros pasar ese momento todos juntos como una forma de compartir la alegría, les pedí a los últimos que habían llegado y que todavía tenían sus suministros intactos que compartieran una parte de ellos.

»Les pedí que se los ofrecieran a los hermanos que habían venido antes que ellos a escucharme para que todos pudiéramos vivir juntos ese momento de alegría. Y así nos asegurábamos de que hubiera comida para todos. Luego fueron los escribas quienes hicieron de aquella simple acción un milagro.

—¿Quiénes eran esos escribas?

—Los que trasladaron la tradición oral a la palabra escrita. Aquellos que escribieron los Evangelios o la historia. Reconocieron en mi acción terrenal una idea que nunca sería aceptada por aquellos que gobernaban la población en ese momento porque abrazaba el ideal de una nueva forma de vida. Así que prefirieron optar por el milagro, ya que solo requiere el ejercicio de la fe, la creencia, el dogma de la religión, y no produce un posible cambio real de las cosas. Asume una forma por derecho propio que no entra en las competencias y no preocupa a los que gobiernan porque no altera el *statu quo*.

—¿Entonces fue solo eso, que más personas fueron alimentadas con la misma cantidad de comida?

—El milagro es que el ser humano es capaz de limitar parte de su egoísmo y siente alegría al compartir con otros lo que cree que es de su propiedad.

Me di cuenta de que en realidad esa simple acción tenía algunas implicaciones realmente extraordinarias.

—El milagro —continuó— es lo que lleva a la comprensión de que, al eliminar el egoísmo, puedes entender que lo que se te da no te pertenece y, por lo tanto, sientes alegría al disfrutarlo junto con los demás. El milagro también ocurre porque cuando haces una buena acción como esta te sientes mucho mejor. Aunque a menudo no es una acción espontánea, ya que desafortunadamente las personas son educadas siguiendo reglas muy diferentes.

—¿Crees que depende solo de la educación?

—Observa a un niño pequeño cuando recibe un regalo. Al principio manifiesta una aparente alegría, se comporta así sobre todo para hacer felices a los padres, que se lo han comprado. Pero después de haberlo desenvuelto, a menudo vuelve a jugar con los juguetes que se ha inventado él mismo y que no están hechos por el hombre. Le gusta utilizar su imaginación, usar piedras, pequeños pedazos de madera o cualquier otro objeto que se encuentre a su alrededor.

»Con eso es con lo que pasa la mayor parte de su tiempo jugando. Prefiere jugar consigo mismo y con la naturaleza en lugar de con objetos artificiales. El gesto que hace y la expresión que muestra cuando desenvuelve el regalo se deben a querer devolver la feliz expresión impresa en la cara de los padres. Casi tiene miedo de decepcionarlos. No necesita ese regalo.

—Entonces expresa su gratitud hacia el acto de amor realizado por el padre y no hacia el objeto —señalé.

—Un niño es un ser más táctil que un adulto. También puede percibir alegría con el toque de la mano. La energía que proviene de un simple movimiento transmite el estado de ánimo de los padres. Disfruta de la felicidad de los padres y, por lo tanto, implementa perfectamente el ejercicio de compartir la alegría. Un acto árido como la compra de un objeto es transformado por esa pequeña criatura maravillosa en un verdadero milagro. Es capaz de desatar la divinidad y la fuerza creativa que caracterizan al ser humano.

»La ironía radica en el hecho de que a menudo se considera que el niño es menos capaz de comprender las cosas, mientras que es el adulto quien a menudo no entiende nada. El niño está más cerca de Dios porque, recién llegado, todavía no ha sido completamente contaminado por la dinámica terrenal. Un bebé recién nacido es Dios, porque es capaz de crear realidad a su alrededor y todo es posible para él.

La descripción de Yoshua del bebé en sus primeros meses coincidía perfectamente con lo que yo había aprendido tanto durante mis estudios como durante las experiencias de regresión. El recién nacido inicialmente solo llora y se ríe mientras observa a su madre, a su padre, su hogar y el mundo que lo rodea. Pero aún no es consciente de que es una entidad separada del resto. Para él, mamá, papá, su habitación y el mundo que lo rodea son lo mismo. Un mar inmenso sin separación. La famosa autoconciencia aún no es consciente de sí misma. Su ego aún no se ha formado y ninguna educación ha sido capaz de cortar esa conexión que une su alma a Dios, porque el alma ha llegado recientemente a su cerebro y apenas comienza a procesarse. Hasta los seis meses de edad, el niño no comprende ni delimita los límites de su cuerpo. Todavía no sabe quién es o qué es. Y no se equivoca porque esas delimitaciones del cuerpo constituyen una mera ilusión. La física explica cómo los átomos que componen cualquier cosa, incluido el cuerpo humano, en realidad están compuestos de partículas cada vez más pequeñas y elementales, llamadas fermiones, que son comunes a cualquier tipo de materia. Las diferencias entre cosas, objetos o animales, por lo tanto, están dadas exclusivamente por diferentes combinaciones de las mismas partículas exactas. Incluso el aire está hecho de las mismas micropartículas que componen nuestro cuerpo. Esto significa que entre el cuerpo del niño y el de la madre en realidad no hay separación, y lo mismo sucede con el padre, la cuna y el resto del mundo. El bebé no está equivocado, nosotros estamos equivocados. Incluso en cuanto a materia, somos todos la misma cosa.

—Basta observar su mirada —dijo Jack— cuando parece estar ausente y mirando al vacío. En realidad, son los adultos los que miran al vacío porque ahora no pueden ver la integridad del universo que los rodea. El niño es capaz de ver lo que los adultos ya no podemos ver. Solo observando con los ojos del alma y del corazón puede el ser humano volver a ser lo que era antes de nacer. Mirad a los niños, son los mejores maestros.

—En la sociedad moderna los padres están ocupados con miles de compromisos y, desafortunadamente, a menudo no tienen mucho tiempo —dije.

—Si se limitaran a observar a sus hijos, aprenderían. Utilizan juguetes, videojuegos, televisión, ordenadores y teléfonos móviles para compensar su falta de tiempo. Siempre dicen que no tienen tiempo, pero a menudo lo desperdician haciendo cosas innecesarias. Si tan solo pudieran leer la mirada de sus hijos, sus expresiones faciales, comprenderían que desean algo más. Quieren amor y compartir. Y no es necesario estar siempre presente o cerca de los hijos, lo importante es ser buenos observadores.

»A menudo, en cambio, los padres tienden a relacionarse con sus hijos como un rastrillo que recoge la grava, arrojando todas las piedras al mismo recipiente. Se quejan de que el niño actúa sin saber cómo discernir las razones. Piensan que está malcriado, que tiene demasiadas cosas. Sin entender que todos los objetos que le dieron no son lo que el niño realmente quiere. El niño necesita cosas que no se pueden comprar.

—Volviendo a la captura de ese hombre que ha robado la barra de pan, ¿cómo va a terminar eso? —dije tratando de recuperar los eventos de ese día.

—Lo castigan amputándole la mano.

—Increíble.

—Le cortan la mano izquierda, la mano que no necesita para servirles. Lo hacen para que recuerde la mano que les quitó algo. Para que pueda entender que a quien quite algo se le quitará algo. Para que pueda seguir trabajando para ellos recordándolo todo el tiempo y que la discapacidad le impida robar de nuevo. ¡En qué nos hemos convertido! Hemos vuelto a la ley del talión y retrocedido a una era arcaica. Somos víctimas de nosotros mismos y de un sistema opresor.

En ese instante se echó a llorar; abundantes lágrimas le recorrieron las mejillas. Esperé unos segundos antes de continuar, para permitir que el hombre recuperara la compostura.

—Pero también hay quienes roban por placer, por el simple hecho de apropiarse de algo que no les pertenece. ¿No te parece? —le dije.

—Ese placer no es parte de la verdadera esencia del hombre. Alguien le ha dicho que tiene que desear y tener esas cosas. Se le ha hecho creer que sin esas cosas no es nadie y, a menudo, muchas personas que no pueden pagarlas hacen todo lo que pueden para tenerlas.

—Sin recurrir a represalias, parece justo desalentar el robo —remarqué.

—La única manera de evitar el robo es dejar de dar valor a lo que otros tienen. Los que roban lo hacen porque quieren algo que no tienen. Debemos dejar de medirnos con los demás. La verdadera evolución para el ser humano consiste en ser feliz con lo que tiene en lugar de querer lo que no tiene. Si aprendemos a disfrutar de lo que tenemos, se nos dará lo que nos falte. En lugar de desperdiciar energía en la envidia, la utilizaremos junto con nuestra intuición para crear las oportunidades que nos permitirán lograr lo que queremos.

No dirás falso testimonio

Acababa de despertarme esa mañana y en ese momento de leve inconsciencia que precede a la vigilia, Eptor me vino a la mente de repente. Conozco bien ese estado porque es en todos los aspectos un estado hipnótico: las ondas producidas por nuestro cerebro cambian de *theta* a alfa permitiendo que el inconsciente y nuestra mente consciente coexistan en igualdad de condiciones durante unos minutos, antes de que la racionalidad de la vida normal tome el control. Era perfectamente lógico que mi inconsciente se preguntara quién fue aquel extraño aprendiz nunca mencionado en las Sagradas Escrituras porque las historias de Yoshua hasta ahora no habían logrado satisfacer mi curiosidad al respecto. Aunque mi mente racional no prestaba especial atención a ese hecho y no le importaba demasiado quién era Eptor, el niño curioso que residía en mi inconsciente continuaba preguntándoselo. No fue una coincidencia que este extraño despertar hubiera ocurrido justo ese día, ya que poco después me encontraría de nuevo con Jack. Como de costumbre, había dejado que se pusiera en contacto conmigo para una sesión, ya que no es mi costumbre recomendar un intervalo preestablecido entre una reunión y otra. Mi regla básica es que pase al menos una semana para permitir que el inconsciente de la persona procese los recuerdos que han surgido en la regresión. Habían pasado algunas semanas desde nuestra última sesión y estaba feliz de poder ponerme en contacto otra vez con aquel extraño Jesús. Me di cuenta de que, aunque en aquellas sesiones no había prestado una atención diferente a la que prestaba en cualquier otra sesión con cualquier otra persona, los episodios de la existencia pasada que Yoshua me había contado me habían dejado muchas secuelas, la mayoría positivas. Sin que lo quisiera, el contenido de sus reflexiones y los acontecimientos de esa vida me habían dejado una profunda huella. Tal vez era comprensible, pensé. Después de todo, no se trataba de la vida de una persona cualquiera, y la posibilidad de que Jack estuviera accediendo a recuerdos pertenecientes a la existencia de Cristo era virtualmente posible. Puede que mi cerebro racional estuviese sucumbiendo poco a poco a las exigencias de la parte más libre e intuitiva y que estuviera convenciéndose de que aquella información podría tener una fuente concreta. Que proviniese del Inconsciente Colectivo planteado por Jung, del *Akasha* esotérico o del Campo Unificado de la física parecía tener poca importancia. Una parte de mí estaba convencida de que aquel hombre, admitido que no fuera la verdadera reencarnación de Jesús, recurría de todos modos a recuerdos y no inventaba nada de lo que decía.

Me di la vuelta entre las sábanas blancas de algodón de la cómoda cama extragrande de mi habitación de hotel y perezosamente alcancé el auricular del teléfono en la mesita de noche para pedir el desayuno. Es uno de los pequeños lujos de la vida que más aprecio. El servicio de habitaciones me permite reducir la velocidad y saborear el proceso de despertar y de darle los buenos días a la vida. Y aquel era realmente un día hermoso. Tan pronto como abrí las cortinas del gran ventanal, el sol recién nacido comenzó a reflejarse en el agua del lago, produciendo destellos que recordaban algunos colores del arcoíris. Mientras saboreaba lo que en realidad era una comida, que consistía en huevos, pastelitos, fruta y una buena variedad de manjares divinos (por mantener el tema), decidí encender el ordenador portátil e investigar si el carácter de aquel Jesús tan revolucionario tenía alguna evidencia en la historiografía oficial. Encontré dos episodios del Evangelio de Mateo, 10: 32-42 y 11: 1-5 que dicen: «10: [32] A quien me reconozca delante de los hombres, yo también lo reconoceré delante de mi Padre que está en el cielo; [33] a quien reniegue de mí delante de los hombres, yo también renegaré de él delante de mi Padre que está en el cielo. [34] No creas que he venido para traer paz a la Tierra; no vine a traer paz, sino una espada. [35] Porque he venido a separar al hijo del padre, a la hija de la madre, a la nuera de la suegra: [36] y los enemigos del hombre serán los de su casa. [37] Quien ama al padre o la madre más que a mí no es digno de mí; quien ama al hijo o a la hija más que a mí no es digno de mí. [38] Quien no toma su cruz y me sigue no es digno de mí. [39] Quien se aferre a su vida la perderá, y quien renuncie a su vida por mí la encontrará. [40] Quien os acoge me acoge a mí, y quien me acoge a mí acoge a quien me envió. [41] Quien acoge al profeta como profeta tendrá la recompensa del profeta, y aquel que reciba al justo como justo tendrá la recompensa del justo. [42] Y quien le da incluso un simple vaso de agua fresca a uno de estos pequeños porque es mi discípulo, en verdad os digo que no perderá su recompensa». Y «11: [1] Cuando Jesús terminó de dar estas instrucciones a sus doce discípulos, se fue de allí para enseñar y predicar en sus ciudades. [2] Mientras tanto Juan, que estaba en prisión, después de haber oído hablar de las obras de Cristo, envió a decirle a través de sus discípulos: [3] "¿Eres tú quien tiene que venir o tenemos que esperar a otro?". [4] Jesús respondió: "Ve y cuéntale a Juan lo que oyes y ves: [5] que los ciegos recuperan la vista, los lisiados caminan, los leprosos sanan, los sordos recuperan el oído, los muertos resucitan, a los pobres les es predicada la buena nueva"».

Ese pasaje me dio la oportunidad de reflexionar sobre el hecho de que Jesús no solo había sido el que había «puesto la otra mejilla», sino que siempre había manifestado sus ideas y, a menudo, de una manera bastante radical. Al leerlo, reconocí algunos conceptos expresados por Yoshua durante nuestras sesiones cuando me señaló que cada uno de nosotros debe actuar y comportarse de acuerdo con la conciencia de uno mismo y ser uno mismo en cualquier circunstancia y no comportarse como el títere que desempeña el papel deseado por otra persona, aunque sea incluso un miembro de su propia familia. La frase «separar al hijo del padre» me recordó el salto generacional que tiene lugar en el pensamiento común y en los valores de la sociedad que deberían ser cada vez más tolerantes y abiertos. Todos los encuentros con ese hombre en particular me habían recordado conceptos e ideas concretas, algunas de las cuales podrían conciliarse con opiniones que siempre he compartido. En primer lugar, el hecho de que no debemos vivir con miedo, especialmente el miedo a la muerte, porque en realidad no solo somos cuerpos físicos con alma sino seres espirituales que estamos viviendo una experiencia terrenal. Nuestra verdadera esencia, nuestra conciencia y nuestra alma existían antes de nuestro nacimiento y continuarán existiendo después de la muerte. Tampoco debemos temer vivir libremente y de manera coherente con lo que somos, sin querer a toda costa adherirnos al modelo que la sociedad nos impone, porque el miedo al juicio es precisamente lo que a veces nos hace manipulables por otros. Escuchar las palabras de ese Jesús tan poco convencional me hizo descubrir un lado que no conocía de la famosa figura histórica: era una persona que no aceptaba las reglas preconstituidas y corruptas del sistema en el que vivía y que había dedicado toda su corta vida a intentar cambiar las cosas. Y lo había hecho pacíficamente. Ahora estaba totalmente claro para mí por qué había disfrutado de tanto predicamento ya en su época y por qué su memoria aún estaba viva y presente dos mil años después en millones de personas en todo el mundo. Había aprendido de él que es importante reaccionar ante las injusticias, incluso a costa de sacrificarse. Con Yoshua también compartía por completo la idea de que retirarse en soledad y meditar es el mejor contacto posible que se puede tener con Dios, en especial si se tiene la oportunidad de hacerlo en medio de la naturaleza. He practicado el retiro espiritual y la meditación durante muchos años y gracias a eso he tenido la oportunidad de conocerme en profundidad. Esto me ayuda en todo momento a tomar las decisiones necesarias para mi felicidad. Creo que nuestro estado de bienestar diario depende sustancialmente del equilibrio que podamos establecer entre nuestro ser interno y nuestro ser superior. Estar con nosotros mismos nos ayuda a redescubrir al Dios que hay en nuestro interior y nos recuerda que tenemos el poder de crear el futuro que deseamos. A través de las palabras de Yoshua por fin había entendido el significado de «todos somos hijos de Dios» ya que él mismo era principalmente un hombre y en él, como en nosotros, reside una maravillosa parte divina. Y es precisamente esta parte la que nos une, como un polvo mágico invisible que nos conecta y nos convierte en un gran organismo. Incluso la ciencia confirma el hecho de que no hay separación física entre los seres vivos. Las regresiones realizadas me han hecho comprender que solo ayudando a los demás nos ayudamos a nosotros mismos y que no es coincidencia que tan pronto como hacemos una buena acción nos sintamos de inmediato satisfechos. Nacemos buenos y compasivos, solo tenemos que recordarlo. Y Jesús fue quizá el más grande maestro en esto. Un precursor que hace más de dos mil años ya no juzgaba las formas de la familia o del amor distintas de las socialmente aceptadas y que no creía en las diferencias sociales entre aquellos que ocupan puestos ilustres y aquellos que realizan los trabajos más humildes o degradantes. Como él, también nosotros deberíamos aprender a abrir nuestras mentes y aceptar todo lo que nos asusta solo porque es diferente de nosotros. Podemos hacerlo porque todos compartimos con él esa misma chispa divina. Pensando en nuestros encuentros, mis ojos se llenaron de lágrimas cuando imaginé al niño de siete años aterrorizado porque se vio obligado a presenciar el sacrificio de un corderito y reflexionó sobre el sufrimiento inútil que la especie humana sigue infligiendo a los animales, en todas las áreas. Su concepción de Dios «Padre» era hermosa: quien nos ama sin pedir nada a cambio, quien no requiere ofrendas y nos acompaña de la mano en el camino que recorremos en nuestras vidas. Asistir a la revivificación de esa existencia tan importante también me recordó la importancia de poder amar y perdonar a quienes nos lastiman, como había hecho Jesús con el soldado que lo había capturado, porque también las acciones de nuestros enemigos forman parte de un plan divino. Me había ayudado a interiorizar el concepto de que Dios siempre está presente en todas partes y debemos aprender a reconocer y separar el bien del mal para saber qué es realmente el amor. Por último, pero no menos importante, el concepto que quizá haya distinguido más la vida de esa importante figura histórica, a saber, compartir. Aprender a compartir con los demás lo que la naturaleza y la vida nos ofrecen y no acumular para nosotros mismos o medirnos continuamente con los demás son tal vez los mejores gestos de amor que podemos hacer porque eso es lo que puede acercarnos más a Dios.

También para Jack aquellas sesiones habían resultado significativas. El hombre me había confesado que durante algunas semanas se había sentido más ligero y que incluso había comenzado a cultivar nuevos pasatiempos y algunas actividades deportivas. Al volver sobre la vida de Yoshua y poder cumplir por fin la misión que creía que tenía, había roto ese mecanismo de rendimiento a toda costa que lo llevaba a dedicar cada momento de su tiempo libre a los demás. Haber llevado a cabo lo que creía que tenía pendiente de esa existencia pasada le había permitido comenzar a vivir la vida terrenal de Jack con plena satisfacción.

Después de comer, y de beberme casi medio litro de café americano, me deslicé debajo de la enorme ducha dejando que el agua despertara todas las células de mi piel, me vestí y bajé a la orilla del lago para mi práctica de meditación matutina, que ese día realicé junto con un cisne y varios patos. Durante la mayor parte del año vivo a pocos metros del mar y cuando viajo prefiero lugares de montaña o un lago, por una necesidad de naturaleza, de árboles verdes y de tranquilidad.

De vuelta en el vestíbulo del hotel, encontré a Jack esperándome sentado en un sillón. Llegó temprano y extrañamente ese hecho no alteró mi hoja de ruta, que por lo general se caracteriza por una puntualidad suiza. O tal vez debería decir japonesa, dado que durante un reciente viaje al país del sol naciente tuve la oportunidad de observar que, en términos de puntualidad, los japoneses hacen sonrojar a los habitantes de los Alpes. Saludé al hombre y lo invité a seguirme para comenzar la sesión.

—Mira fijamente mi dedo índice —le dije a Jack, que ya se había recostado en el sofá. La mano era la única parte de mi cuerpo que él podía ver, ya que yo me encontraba de pie a un lado del sofá, justo detrás de su cabeza—. Ahora contaré hasta tres. Cuando me escuches decir el número tres, cerrarás los ojos de inmediato y entrarás automáticamente en un profundo estado de trance. ¡Uno, dos, tres! —exclamé.

—Estoy descendiendo la colina donde he ido a encontrarme con mi padre. Acabo de dejar a los apóstoles en el huerto de Getsemaní, debajo de los olivos. Aunque les dije que se mantuvieran despiertos, se han quedado dormidos y cuando regreso los encuentro acostados en los brazos de Morfeo en un sueño muy profundo. Los despierto y los regaño por no poder permanecer alertas mientras estaba lejos para ir a hablar con mi padre. En ese mismo momento se dan cuenta de que viene la legión romana guiada por Judas, el apóstol que se sacrificó por la voluntad del Padre.

»Cuando llega Judas, me fijo en que su rostro está triste y frunce el ceño porque, aunque es consciente de hacer Su voluntad, sufre mucho. De repente, Pedro, listo para dar con el traidor, lo señala con el dedo. Insulta a Judas y lo convierte en un paria, sin comprender la importancia de lo que realmente ha hecho por mí. La cara marcada por el sol y la nariz aguileña y muy pronunciada hacen que, a primera vista, Pedro parezca un hombre con experiencia, aunque en su interior siempre haya sido muy impulsivo, demasiado atado a los elementos terrenales que caracterizan la esencia material del hombre. Reacciona blandiendo la espada y descargándola en la oreja de un desafortunado soldado romano.

»Ese gesto animal perturba profundamente a algunos de nosotros. El primero, mi hermano Tomás, muy temeroso de lo que está sucediendo y que tiene miedo de perder a su hermano que tanto lo ha apoyado durante el transcurso de su vida. Y también Juan, de rostro imberbe y de alma sensible, con las características de la psique que a menudo se asocian a las mujeres y su sensibilidad acentuada que lo convierte en una persona que sufre mucho por el dolor que padecen los demás. Un hombre capaz de abrazar su lado femenino y creativo. Su cara redonda con la piel casi rosada como la de una niña contrasta con su gran disposición y capacidad para comprender los matices de mi verbo y mi pensamiento.

»Finalmente, Jacobo, el justo, aquel que está mejor capacitado para mantener la tradición judía. Más fundamentalista que los demás, aunque comparte mi creencia, desea recuperarla a toda costa dentro de la tradición de Moisés. Tiene el pelo muy oscuro y su rostro ya representa lo que se convertirá en la imagen del obispo de Jerusalén. Muy irónico y legal en su forma de actuar, conoce las leyes de memoria y, a menudo, no acepta mi interpretación, sino que la replica, argumentando a favor del conservadurismo de la época.

»¡Cuánto amo este lugar! Incluso hoy he querido que todo sucediera aquí mismo, donde a menudo nuestras sonrisas se unían mientras estábamos todos sentados en círculo bajo los olivos, en el lugar donde pasé parte de mi vida y muchos momentos de felicidad, donde las bromas y la alegría nunca faltaban en cada reunión que teníamos, en el huerto donde, después de reflexionar sobre muchas cosas, pasábamos días enteros en convivencia y con la alegría de compartir el pan y el vino. Ahora cierro los ojos felizmente y espero a que se cumpla mi destino.

Aprecié mucho las descripciones familiares que Yoshua había hecho de los apóstoles, pero como habíamos explorado previamente el episodio de la captura de Jesús, tenía curiosidad por conocer un momento diferente de esa existencia tan importante.

—Ahora voy a contar hasta tres, y cuando diga «tres», me gustaría que vayas a un momento posterior en la vida de Yoshua —le dije.

—Estoy al aire libre.

—¿Es de día o de noche?

—Veo personas debajo de mí: José, mi padre y Nicodemo, un amigo suyo. Están hablando con un soldado que también está aquí cerca, mientras que los demás están más lejos. Es con él con quien se han puesto de acuerdo.

—¿Para hacer qué?

—Lleva un balde y una esponja. Empuñan un palo y me lleva la esponja a la cara.

—¿Cuál de los tres lo está haciendo?

—El soldado. A menudo lo hacen.

—¿Por qué?

—Para mantener despierto al condenado. Usualmente usan agua y vinagre, pero esta vez es diferente porque no hay vinagre en el balde.

—¿Qué pasa?

—Mi padre se aseguró de que se pusiera jugo de mandrágora en lugar del vinagre. Es una raíz anestésica que los romanos usan a menudo antes de realizar operaciones en el cuerpo del enfermo. Mi padre quiere bajarme.

—¿Estás en la cruz?

—Estoy inclinado, casi sentado.

—¿Entonces te han bajado?

—Todavía no, pero mi cuerpo ha cedido y estoy doblado hacia abajo. Me llevan la esponja a la cara para hacerme perder el conocimiento.

—¿Por qué quieren dejarte inconsciente?

—Para poder declararme oficialmente muerto y poder llevarme lejos.

—¿Tu madre también está a los pies de la cruz?

—No. Mi madre no está aquí ahora. Solo mi padre y su amigo están al corriente de lo que está sucediendo. Se lo contarán a mi madre más tarde. Ella no sabe nada y piensa que continuarán humedeciéndome con vinagre hasta el momento de mi muerte. Pero eso no es cierto: no muero en la cruz.

No pude evitar hacer una mueca cuando escuché aquella declaración. Mi corazón comenzó a latir más rápido y, en medio de la extrema curiosidad por lo que estaba por suceder, concentré toda mi atención en los labios del hombre, esperando ansiosamente las siguientes palabras que me diría una vez terminara la habitual, larga y profunda respiración.

—¿Cómo? —dije en voz baja, en un tono un poco estridente y medio atragantándome.

—De un golpe de lanza me perforan el tórax, justo debajo de las costillas, en el lado derecho. Un solo golpe. Me golpean en ese punto en lugar de romperme las piernas. Mi padre no quiere que me las rompan.

—¿Normalmente rompen las piernas de los condenados a la cruz? —pregunté curioso.

—Hacia el final, para comenzar el proceso de muerte por asfixia, se rompen las piernas para que el cuerpo ya no pueda sostenerse y se caiga. La fuerza de la gravedad se hace cargo y los pulmones se aplastan porque la persona ya no puede soportar el peso del cuerpo y muere. Mi padre prefirió una herida bajo el costado, de manera que no me cause la muerte.

—¿Quién te hiere?

—El soldado. Para demostrar a ojos de los demás miembros de la legión que no es cómplice. Tiene que demostrar que, aunque no me haya roto las piernas, sin embargo, ha determinado y asegurado mi muerte a través de la herida que me ha infligido con su lanza.

—Y después, ¿qué pasa?

—Estoy sentado a los pies de la cruz. Pilatos ha autorizado a los soldados a entregar mi cuerpo a mi padre, José de Arimatea. Me lleva a la tumba que había hecho construir para sí mismo. Me acuestan dentro del sepulcro en una posición semisentada porque aún no he recuperado la conciencia. Se quedan conmigo durante unas horas y me controlan el pulso para asegurarse de que sigo vivo.

—¿Se han ido los soldados?

—Están aquí fuera. Creen que estoy muerto.

—¿Ellos te han transportado hasta aquí?

—Lo han hecho José y Nicodemo. Los soldados solo han recibido autorización para entregar mi cuerpo y la orden de vigilar la tumba. Pilatos y los sacerdotes tenían miedo de que alguien pudiera tomar el cuerpo y luego decir que había resucitado. Por eso los soldados permanecerán fuera de la tumba durante tres días. Tienen que asegurarse de que nadie la abra.

—¿Entonces todavía no estás muerto?

—No. Durante el primer día, mi padre y Nicodemo continúan controlando mis funciones vitales. Pero luego se van y cierran la tumba.

—¿La tumba es muy grande?

—Unos seis o siete metros cuadrados. Fue excavada en la roca, la puerta es una piedra circular que se cierra rodando. Se necesitan tres personas para moverla.

—¿Entonces te dejan dentro solo?

—El segundo día vuelven a verificar si todavía estoy vivo. Obviamente a los guardias les dicen que vienen a hacer tratamientos *post mortem* en mi cuerpo. José y Nicodemo entran y descubren que estoy inconsciente, que respiro pero que no puedo moverme ni hablar. Estoy en una especie de estado de coma. Para no levantar sospechas entre los soldados, después de un rato se marchan, dejándome allí solo de nuevo.

—¿Y después? —pregunté presa de una enorme curiosidad.

—En la mañana del tercer día, noto un olor acre, similar al del vinagre. A medida que recupero la conciencia gradualmente, comienzo a sentirme mal. Un fuerte sentimiento de culpa se apodera de mí: si han logrado salvarme y aún estoy vivo, significa que he mentido a mis apóstoles y a las personas que me seguían. Debería haber huido para esconderme y ni tan solo he podido ayudarlos ni tampoco he respetado mi destino. Estoy realmente desconsolado. Cuando finalmente me despierto por completo, veo que Eptor está a mi lado.

No podía creer lo que oía. Había estado esperando ese momento durante muchos meses y quería con todas mis fuerzas saber quién era. Durante todo ese tiempo, busqué repetidamente y sin éxito en Internet la existencia de ese joven aprendiz de maestro sin encontrar ningún rastro de él. Había logrado identificar solo dos elementos relacionados con la etimología de aquel nombre singular. Uno se refería al original egipcio de la palabra latina *Horus*, es decir, *Hor*, que literalmente significa 'el que está distante' y a menudo se usaba para identificar al Dios del cielo. La única otra fuente citaba a un llamado Ept-Hor como el dios egipcio que ayudaba a pasar de una orilla a la otra en el momento de la muerte. Sin embargo, ninguno de ellos podía explicar nada sobre el papel que el joven podría haber desempeñado en la vida de Cristo.

—¿No os habíais visto en todos estos años? —pregunté.

—Él siempre ha estado conmigo. Yo fui quien le dio ese nombre. A menudo ayudó y actuó como intermediario en las comunicaciones que me llegaban del Padre. Cuando no podía hablar directamente con él, Eptor me permitía comunicarme con la voluntad del Padre. Él siempre ha sido para mí una presencia viva y real, que podía tocar con la mano. Pero al mismo tiempo estaba dotado de poderes metafísicos que iban mucho más allá del estado material. Podía manifestarse en animales, plantas, en el viento o incluso como el espíritu reencarnado de alguien.

—¿Por qué ha ido a verte a la tumba?

—Me mira a la cara y ve al niño que había conocido muchos años antes. Me habla y me dice: «Nada de tu carácter ha cambiado, aunque las arrugas hayan aparecido en tu cara. Permaneces igual que cuando te acompañé a la pirámide. No has sido influenciado por nada ni por nadie. Aún estás intacto. Has conocido la verdad y no estás condicionado por ella. Ahora abre los ojos y reanuda tus funciones vitales porque siempre has estado vivo. Solo los que no pueden vivir mueren. Quien vivió como tú no puede morir porque su existencia ha sido completada hasta el fondo. Te casaste completamente con la voluntad del Padre. El que crea la vida no puede morir».

»Luego abre la tumba y me saca de allí. Mientras tanto, los soldados se han ausentado porque han sido distraídos por algo que los ha llevado a otra parte. Eptor aprovecha ese momento para sacarme y luego me dice: «Ahora finalmente puedes invertir lo que te queda de vida en profundizar en el conocimiento de ti mismo».

»Vuelvo a perder el conocimiento y me encuentro en un desierto, dentro de una cueva, como un ermitaño. Mis pies están hechos de luz, vivo en soledad y contemplo la naturaleza. No sé qué desierto es, aunque se parece a mi Palestina, a mi Israel, y me recuerda a las cuevas que había visto en esos lugares queridos por mí. Recuerdo esa luz que viene de todos lados y borra las sombras. Solo hay energía y amor. No puedo decir si todavía estoy en un lugar terrenal, pero me siento muy bien. Me siento más vivo y ligero que nunca. Percibo que poseo todo el conocimiento posible. Por fin me siento realizado en cada parte de mi ser.

—¿Eptor te ha acompañado hasta allí?

—Me explicó cómo hacerlo y me encontré aquí. Un poco como había hecho muchos años antes en la pirámide, cuando me enseñó a no tener miedo a la muerte, ya que esta en realidad solo es miedo a uno mismo. La muerte está asociada a la soledad, pero gracias a él en la pirámide aprendí a no temer a la soledad, sino más bien a apreciarla. «Si no tienes miedo de estar contigo mismo, no tienes miedo de nada, ni siquiera de la muerte —me dijo—. La muerte no existe si te conoces a ti mismo y aprendes a estar solo porque descubres quién eres realmente: el hijo de Dios. Todo hombre puede hablar con Dios si descubre esa chispa que tiene en su interior». Eptor no me ha acompañado aquí al desierto porque no he caminado, simplemente me he trasladado. En el momento en que me dijo a dónde debía ir, ya estaba aquí. No puedo decir dónde estoy exactamente, pero sé que estoy donde siempre quise estar.

—¿Eptor era una persona física? —pregunté. Su descripción del aprendiz de maestro me había dejado un tanto perplejo y con muchas dudas.

—¿A qué te refieres con física? Si quisiera tocarlo, podría hacerlo. La percepción sensorial se puede separar de la materia. ¿Qué significa físico? Si puedo tocarlo, para mí lo es. Tiene la capacidad de ser eso y más.

—¿Puedes describírmelo?

—A mí se me apareció en la forma de un hombre con una túnica blanca y una gran luz, con una energía extraordinaria y un rostro dulce y tierno, lleno de amor incondicional. Los niños lo definen como amigo. Y si cuando creces eres capaz de seguir siendo un niño en tu interior, se convierte en un amigo fraterno, un maestro, tu *alter ego*, un todo con tu verdadero yo.

»Sé que cuando lo escuchaba, mis temores desaparecían; cuando estaba cerca de mí, me sentía completo y ya nada me asustaba. Es él quien te lleva a la verdad. El que te dice que la muerte es solo renacer. El que te acompaña cuando mueres cada noche y por la mañana te despierta creando un nuevo día.

»Él es quien está cerca de ti cuando pasas tiempo conociéndote a ti mismo y no te preocupas por lo que piensan los demás. El que te insta a que te ayudes a ti mismo para ayudar a otras personas. Es quien te explica que una vida no es suficiente para conocer tu verdadera esencia divina y por eso vuelves a nacer. El que te enseña que los eventos inesperados de la vida te ayudan a entender tu camino. El que te muestra la felicidad en las cosas pequeñas. El que te incita a ser siempre tú mismo en todas las circunstancias y te recuerda tu sabiduría innata. Eptor eres tú.

Agradecimientos

En primer lugar, deseo expresar mi más profundo agradecimiento a la maravillosa persona que en esta vida lleva el nombre de Jack. Sin él, este trabajo no hubiera sido posible.

También doy las gracias a Christina y a Claire, otras dos personas especiales protagonistas de este libro, por compartir sus historias conmigo.

Mi más sincero agradecimiento también al doctor Luigi D'Angiuro por su aportación esclarecedora, y a Maria Antonietta D'Erme por sus siempre valiosos consejos. Asimismo doy las gracias a Gracia Valenzuela y a toda la familia Sirio por creer en mi obra.

También agradezco el apoyo de mi familia y de mis queridos amigos.

Finalmente, estoy agradecido de manera especial a todos vosotros, mis queridísimos y amadísimos lectores.

Sobre el autor

Alex B. Raco es especialista en Trastornos de Ansiedad y de Estado de Ánimo, especialización cursada en la Universidad de León.

Su formación también incluye especializaciones de posgrado en Psicopatología Clínica en la Universidad de Barcelona y en Hipnosis Ericksoniana en la Universidad de Valencia.

Ha seguido cursos de formación en Hipnosis Clínica Avanzada en la Universidad Autónoma de Madrid. En el pasado, también se embarcó en un camino personal de psicoanálisis junguiano que duró cuatro años.

Alumno directo del doctor Brian Weiss, estudió con él en el estado de Nueva York y realizó miles de sesiones de hipnosis con otras tantas personas.

MBA por la Universidad Bocconi de Milán, antes de dedicarse a la hipnosis regresiva, trabajó como gerente de empresas multinacionales.

Alex Raco es el autor del éxito de ventas *Nunca es el final*, publicado por Editorial Sirio y traducido a cuatro idiomas. Su segundo libro, *Más allá del amor: cómo reconocer a tu alma gemela a través de las vidas pasadas*, también ha sido publicado por Editorial Sirio.